패브릭
손 뜨 개

패브릭 손뜨개 : 쉽고 빠르게 사계절 내내 만드는 패션 & 인테리어 소품

초판 발행 2015년 7월 20일
2쇄 발행 2015년 12월 1일

지은이 김인영 / **펴낸이** 김태헌
총괄 임규근 / **기획·편집** 김지수 / **교정교열** 신지영 / **디자인** 이석운, 김미연
사진 율스튜디오 박형주 / **도안** 배현주 / **스타일링** 김윤진 / **소품협찬** 빈티지&모어
영업 문윤식, 조유미 / **마케팅** 박상용, 서은옥 / **제작** 박성우

펴낸곳 한빛라이프 / **주소** 서울시 마포구 양화로 7길 83 한빛빌딩 3층
전화 02-336-7129 / **팩스** 02-336-7124
등록 2010년 11월 14일 제2013-000350호 / ISBN 979-11-85933-14-6 13630

한빛라이프는 한빛미디어(주)의 실용 브랜드로 나와 내 아이, 우리의 일상을 환히 비출 수 있는 책을 펴냅니다.

이 책에 대한 의견이나 오탈자 및 잘못된 내용에 대한 수정 정보는 한빛미디어(주)의 홈페이지나 아래 이메일로 알려주십시오. 잘못된 책은 구입하신 서점에서 교환해 드립니다. 책값은 뒤표지에 표시되어 있습니다.
한빛미디어 홈페이지 www.hanbit.co.kr / 이메일 ask_life@hanbit.co.kr

Published by HANBIT Media, Inc. Printed in Korea
Copyright © KIM, Inyoung & Hanbit Media, Inc.
이 책의 저작권은 김인영과 한빛미디어(주)에 있습니다.
저작권법에 의해 보호를 받는 저작물이므로 무단 복제 및 무단 전재를 금합니다.

지금 하지 않으면 할 수 없는 일이 있습니다.
책으로 펴내고 싶은 아이디어나 원고를 메일(writer@hanbit.co.kr)로 보내주세요.
한빛미디어(주)는 여러분의 소중한 경험과 지식을 기다리고 있습니다.

패브릭 손뜨개
FABRIC KNITTING

쉽고 빠르게 사계절 내내 만드는
패션 & 인테리어 소품

김인영 지음

한빛라이프

머리말

손뜨개 좋아하시나요?

저는 직업으로 손뜨개를 하고 있긴 하지만, 손뜨개를 정말 많이 좋아합니다. 예쁜 뜨개편물만 봐도 마음이 두근두근하고, 색상이 곱거나 형태가 특이한 실만 보아도 무엇으로 만들어볼까 밤잠을 설치기도 합니다. 그래서 외출하거나 여행을 갈 때도 항상 뜨개실과 도구들을 조금씩 챙겨 다닙니다. 영감이 떠오르면 주위 아랑곳하지 않고 주섬주섬 재료를 꺼내 뜨개질을 하는 편이에요. 아마 여러분도 그런 경험이 있거나, 아니면 밖에서 뜨개질에 열중인 사람을 한 번쯤 본 적이 있을지도 모르겠습니다. 관심사가 이렇다보니 여행지에서도 뜨개 공방이나 공예숍, 핸드메이드 마켓 등을 우선적으로 찾아다닙니다. 심지어 기회가 되면 양 목장도 꼭 찾아보고요. 그런 곳에서 뜨개라는 공통점을 바탕으로 각자의 문화권에서 발전된 다양한 감각과 취향의 작품을 보는 것은 큰 즐거움이며 또 큰 자극이 되곤 합니다.

그렇게 몇 년 전 해외 여행지에서 패브릭얀을 만나게 되었습니다. 그땐 정말 충격적이었어요. 패브릭얀으로 만든 거대한 편물 디자인은 손뜨개가 따분하고 촌스럽다는 사람들의 시각을 한 방에 날려버릴 정도로 신선했고, 기존의 손뜨개를 새로운 눈으로 보는 계기가 되었습니다. 또한 울실의 단점이 보완되고, 버려지던 원단들이 디자인적 요소를 가미한 친환경적 업사이클링 제품으로 재탄생된다는 것도 획기적이었습니다.

우연히 발견한 패브릭얀으로 한동안 열심히 재미있게 작업했습니다. 초심으로 돌아가서 새로운 시각으로 한 작업이었습니다.

실이 굵어 단순히 서너 단만 떠도 티 매트가 만들어지고, 듬성듬성 조금만 집중해 뜨면 가방이나 러그도 완성할 수 있습니다. 쓰기에도 편리하고 물빨래가 쉬운 소재라 리빙 제품에 딱 적합

하기도 하지만 편물 디자인을 극대화한 형태라 굉장히 멋스럽기도 합니다.

이 책은 제가 작업한 경험을 바탕으로 누구나 쉽게 패브릭얀으로 손뜨개를 할 수 있도록 구성했습니다. 간단한 테크닉에서부터 천천히 한 단계씩 따라 작업을 하다보면 여러분도 멋진 소품을 어렵지 않게 완성할 수 있을 것입니다. 그리고 무엇보다 손뜨개의 무한한 매력에 흠뻑 빠질 거라 확신합니다.

책이 나올 수 있도록 도움을 주신 모든 분들께 감사 인사 드립니다.

그리고 마지막으로, Gracias mi amor.

김인영

CONTENTS

머리말 — 4
재료와 도구 소개 — 9
도안 기호와 기본 손뜨개 기법 — 13

PART 1 —
인테리어 소품

냄비 받침 | 원형 냄비받침·꽃 모티프 냄비받침 | ——— 46
원형 바구니 | 작은 바구니·큰 바구니 | ——— 50
화분 커버 ——— 54
소품 정리함 | 동근 뚜껑·뾰족 뚜껑 | ——— 58
와이드 바구니 ——— 62
손잡이 사각 바구니 ——— 66
손잡이 원형 바구니 ——— 70
팟 홀더 ——— 74
벙어리 주방장갑 ——— 78
다이아몬드 쿠션 ——— 82
실내화 ——— 86
스퀘어 방석 ——— 92
클로버 방석 ——— 96
원형 러그 ——— 100
육각형 러그 ——— 104
원형 레이스 러그 ——— 108
푸프 | 소형·대형 | ——— 112
레이스 전등갓 ——— 118
펫하우스와 뼈다귀 장난감 ——— 122

PART 2 —
패션 소품

플립형 클러치백	132
삼각형 무늬 클러치백	136
대바늘 클러치백	140
심플 토트백	144
크로스백	148
손잡이 토트백	152
대바늘 미니 크로스백	156

재료와 도구 소개

패브릭얀

패브릭얀은 원단을 길게 잘라서 연결한 실입니다. 더 이상 입지 않는 티셔츠나 작업하고 애매하게 남은 원단들을 잘라 연결해 커다란 바늘을 이용해서 뜨개질을 하는 것이지요. 개성 있는 원단들로 직접 만들 수도 있고, 시중에 나와 있는 실들을 이용해도 됩니다. 인기가 많아지면서 현재 시중에는 소재의 함량이나 굵기에 따라 다양한 형태로 생산되고 있습니다. 러그나 바구니와 같은 것을 만들 때는 굵기가 좀 굵고 탄탄한 실을 쓰면 좋고, 가방이나 실내화 등을 만들 때는 중간 굵기의 실을 골라 쓰면 좋습니다.

원단으로 패브릭얀 만들기

원단으로 되직 실을 만드는 기본적인 방법은 원단을 길게 잘라서 연결하는 것입니다. 두껍게 잘라 굵은 실을 만들 때는 자른 원단들을 바늘과 실로 꿰매어 연결하는 것이 좋고, 가는 실을 만든다면 간단하게 묶어서 연결해도 됩니다. 그림과 같이 끝부분을 다 자르지 않고 남겨놓으면 따로 연결하지 않아도 되어서 편리합니다.

— 대바늘

— 코바늘

— 돗바늘

— 가위

바늘 및 도구

패브릭얀에 사용하는 바늘은 일반 모사용보다 굵으며 단위는 mm로 표시합니다. 숫자가 클수록 굵은 실에 적합합니다. 대바늘은 줄바늘, 장갑바늘 등 사용하는 곳에 따라 다양한 종류가 있지만 이 책에서는 기본 막힘바늘 15mm를 사용합니다. 코바늘은 끝부분이 갈고리 모양으로 되어 있으며 그곳에 실을 걸어서 뜨는 도구입니다. 이 책에서는 8~15mm 코바늘을 사용합니다.

도안 기호와 기본 손뜨개 기법

이 책에 등장하는 기본 손뜨개 기법을 소개합니다. 이 책에 있는 작품뿐 아니라 손뜨개를 할 때 가장 기본이 되고 꼭 알아야 하는 뜨개 기법입니다. 사진과 설명을 보며 찬찬히 익혀보세요.

1
코바늘 손뜨개 기본 기법

코바늘 쥐는 법

코바늘은 보통 1번과 같이 쥐는 편이지만 패브릭 손뜨개와 같이 힘이 들어가는 작업을 할 때는 2번과 같이 잡는 것이 좋습니다.

실 잡는 법

1. 실을 새끼손가락과 약손가락 사이로 통과시켜서 집게손가락에 겁니다.
2. 엄지손가락과 가운뎃손가락으로 실의 끝부분을 잡습니다. 집게손가락으로 실의 당겨지는 힘을 조절하며 뜨개질을 합니다. 실이 자꾸 미끄러지고 힘 조절이 되지 않으면 새끼손가락에 실을 한 번 감아줍니다.

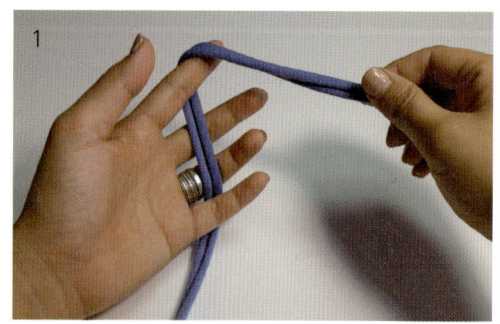 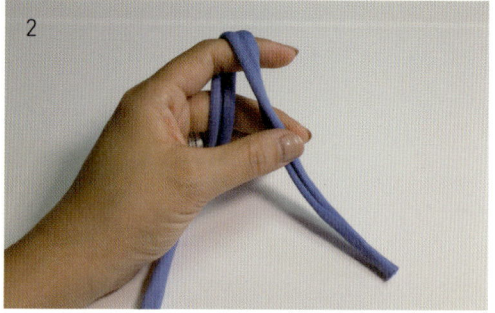

사슬코 만들기

1. 사진과 같이 실과 바늘을 잡고 화살표 방향으로 바늘을 돌려줍니다.
2. 사진에 보이는 실의 교차 부분을 왼손의 엄지손가락과 가운뎃손가락으로 잡고 화살표 방향으로 코바늘을 움직여 실을 겁니다.
3. 코바늘에 걸린 실을 원형 안으로 끌어냅니다.
4. 시작매듭이 만들어진 모양입니다. 이것은 첫 코는 아닙니다.
5. 바늘에 실을 걸어서 바늘대에 걸려 있는 실 사이로 끌어냅니다.
6. 첫 사슬코가 만들어진 모양입니다.
7. 필요한 개수만큼 사슬코를 만듭니다. 사슬코의 개수는 사진에 표시된 숫자처럼 세면 됩니다.

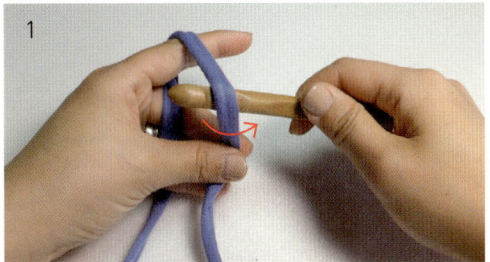
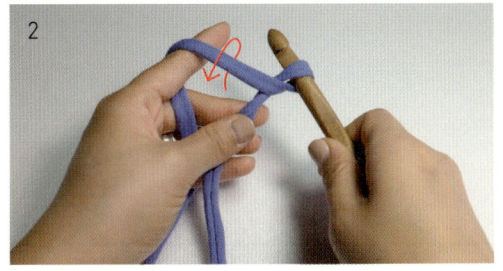
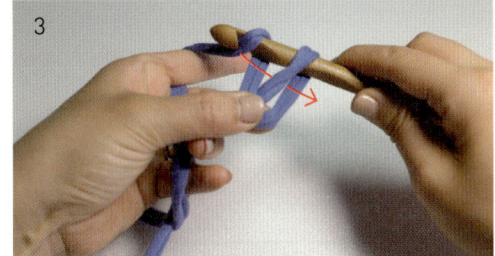
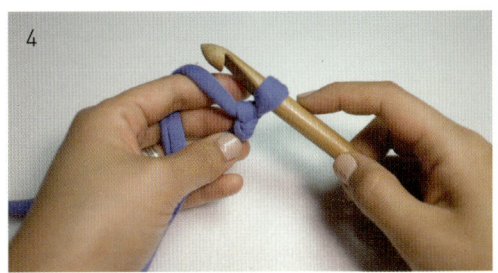
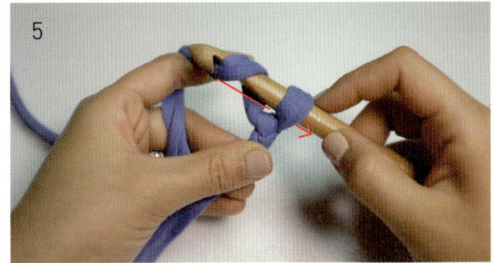
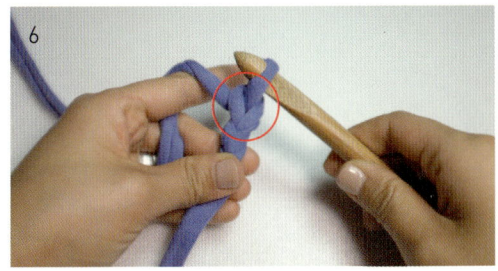
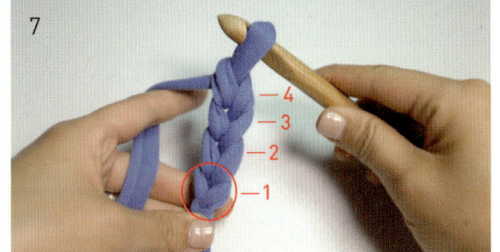

짧은뜨기

1. 짧은뜨기를 할 코에 바늘을 넣습니다.
2. 바늘에 실을 걸어서 화살표 방향으로 실을 통과시킵니다.
3. 다시 바늘에 실을 걸어서 화살표 방향으로 실을 통과시킵니다.
4. 짧은뜨기를 완성한 모양입니다. 사진에 표시된 부분을 각각 짧은뜨기의 머리와 다리로 구분합니다.

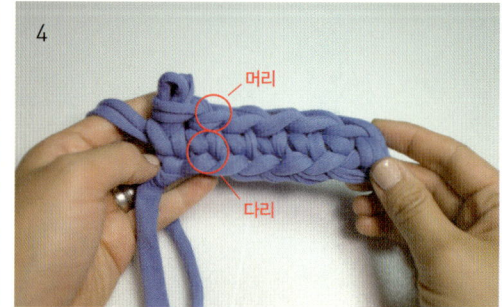

코를 만드는 위치

상황에 따라 코를 만드는 위치가 달라집니다. 여기서는 짧은뜨기를 기준으로 설명하지만 긴뜨기나 한길긴뜨기 등에도 동일하게 적용됩니다.

- 기초 사슬코 위에 작업할 때

1. 기초 사슬코에서 위로만 떠서 올릴 때는 가장자리가 깔끔해보이도록 코산에 작업합니다.
2. 코산에 바늘을 넣어서 뜨는 모습입니다.

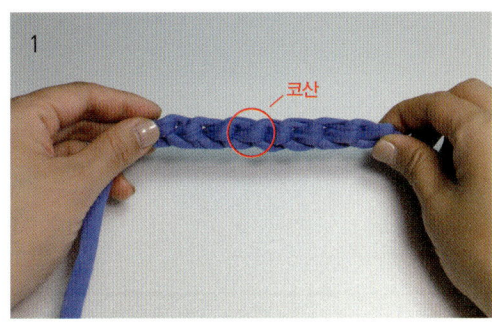 

- 짧은뜨기 위에 작업할 때

1. 짧은뜨기 위에 작업할 때는 코의 머리 아래로 바늘을 넣어 뜹니다.
2. 코의 머리에 바늘을 넣어서 뜨는 모습입니다.

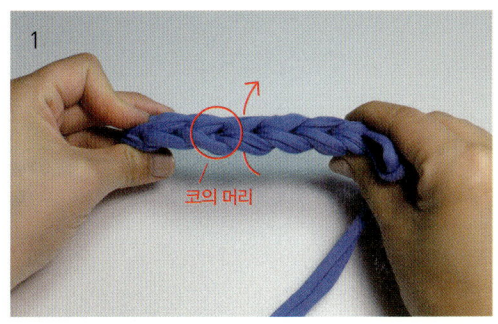 

- 기초 사슬코의 양쪽에 작업할 때 (64쪽 도안의 시작 부분과 같은 경우)

1. 사진과 같이 양쪽 반 코에 각각 짧은뜨기를 합니다.

- 편물 중간에 있는 사슬코에 작업할 때 (68쪽 도안의 손잡이 부분과 같은 경우)

1. 편물 중간에 있는 사슬코에 작업할 때는 화살표와 같이 사슬코 전체를 감싸며 뜹니다.
2. 사슬코를 감싸며 짧은뜨기를 한 모양입니다.

코늘림

〔짧은두코늘림〕을 간단히 코늘림이라고 부릅니다. 한 코에 짧은뜨기를 두 번 해서 코의 수를 늘리는 작업을 말합니다.

1. 코늘림을 할 코에 바늘을 넣어 실을 걸어 빼냅니다.
2. 실을 화살표 방향으로 걸어 빼내어 첫 번째 짧은뜨기를 합니다.
3. 1, 2번에서 작업한 코에 다시 바늘을 집어넣습니다.
4. 실을 걸어서 화살표와 같이 빼냅니다.
5. 실을 걸어서 화살표와 같이 통과시켜 두 번째 짧은뜨기를 완성합니다.
6. 코늘림을 완성한 모양입니다.

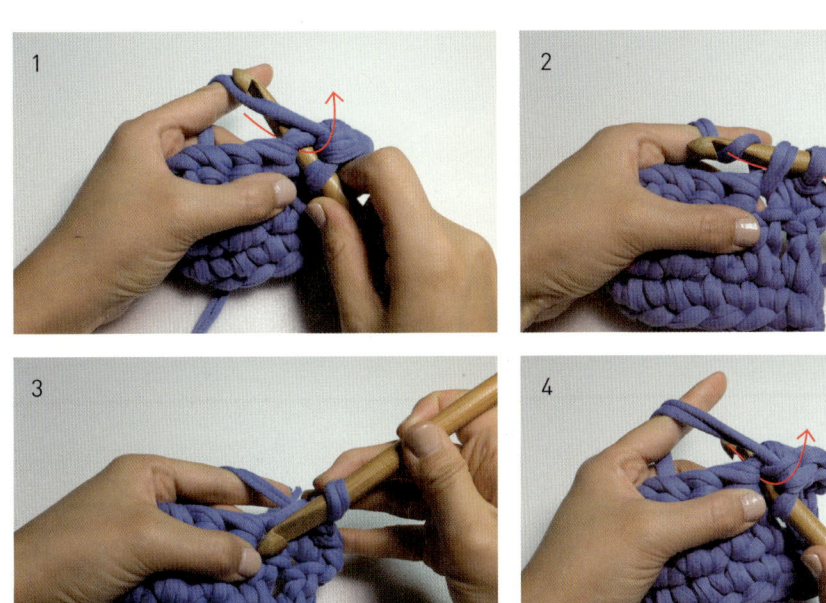

코줄임

〔짧은두코모아뜨기〕를 간단히 코줄임이라고 부릅니다. 두 개의 코를 한 개의 코로 줄이는 작업을 말합니다.

1. 화살표와 같이 두 코에 순서대로, 바늘을 넣고 실을 걸어 빼냅니다.
2. 실을 빼낸 모양입니다. 바늘에 실 세 가닥이 걸려 있습니다.
3. 바늘에 실을 걸어서 화살표와 같이 실을 통과시킵니다.
4. 코줄임을 완성한 모양입니다.

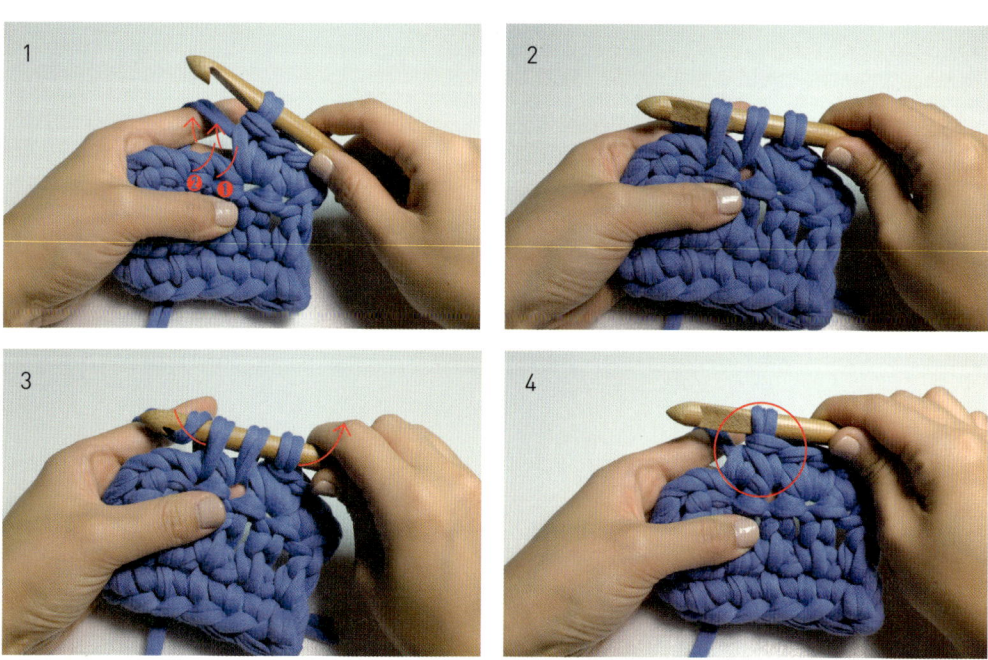

• 빼뜨기

1. 빼뜨기를 할 코에 바늘을 넣고 실을 걸어 화살표와 같이 통과시킵니다.
2. 빼뜨기를 완성한 모양입니다.

한길긴뜨기

1. 바늘에 실을 감은 뒤 한길긴뜨기 작업을 할 코에 넣습니다.
2. 바늘에 실을 걸어 빼냅니다.
3. 바늘에 실 세 가닥이 걸려 있고, 다시 바늘에 실을 걸어서 화살표와 같이 앞의 두 가닥 사이로 실을 빼냅니다.
4. 다시 바늘에 실을 걸어서 바늘에 남아 있는 두 가닥의 실 사이로 빼냅니다.
5. 한길긴뜨기를 완성한 모양입니다.

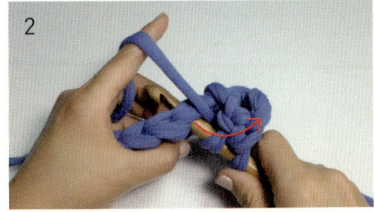
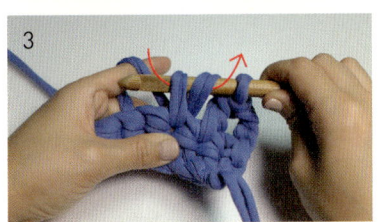

두길긴뜨기

1. 바늘에 실을 두 번 감은 뒤 두길긴뜨기 작업을 할 코에 넣습니다.
2. 바늘에 실을 걸어 빼냅니다.
3. 바늘에 네 가닥의 실이 걸려 있습니다.
4. 바늘에 실을 걸어서 화살표와 같이 처음 두 가닥의 실 사이로 빼냅니다.
5. 다시 코바늘에 실을 걸어서 화살표와 같이 두 가닥의 실 사이로 빼냅니다.
6. 다시 코바늘에 실을 걸어서 화살표와 같이 남아 있는 두 가닥의 실 사이로 빼냅니다.
7. 두길긴뜨기를 완성한 모양입니다.

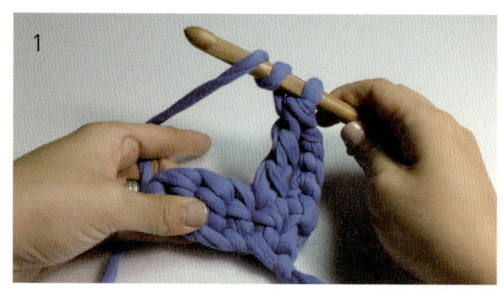

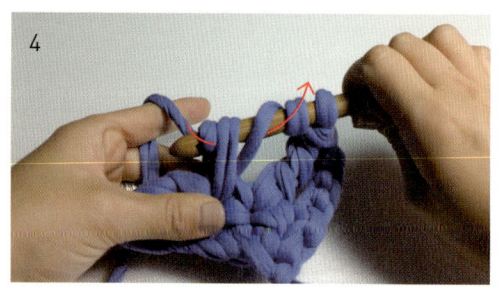
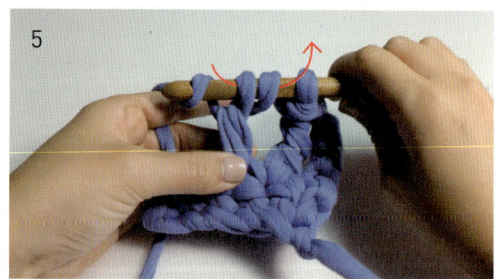

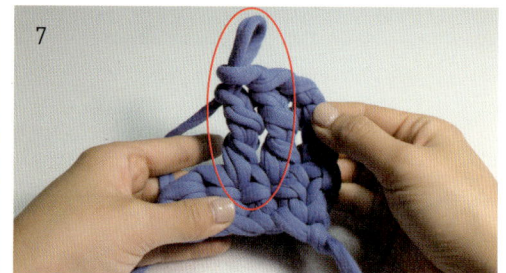

이랑뜨기

이랑뜨기는 코 머리의 반 코에 짧은뜨기를 하는 것입니다. 일반적으로 뒤의 반 코에 작업을 하지만 때에 따라서 앞의 반 코에 작업하기도 합니다.

1. 뒤의 반 코에 바늘을 넣고 실을 걸어서 빼냅니다.
2. 바늘에 실을 걸고 화살표와 같이 빼냅니다.
3. 이랑뜨기를 완성한 모양입니다.

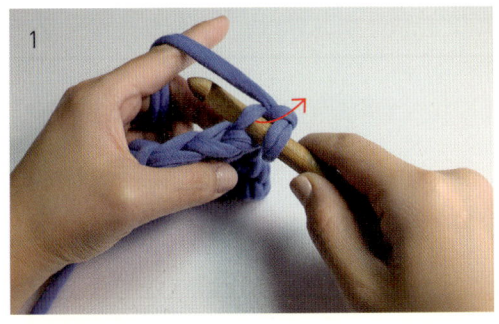
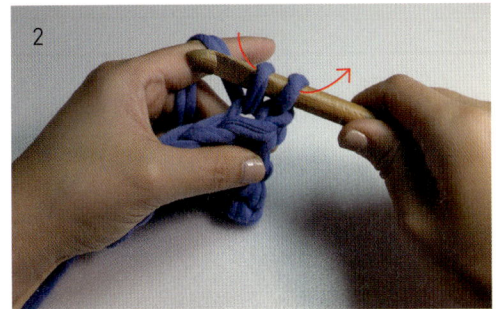

되돌아짧은뜨기

1. 마지막 단에 사용하면 예쁜 기법입니다. 다른 기법과 달리 편물을 뒤집지 않고 왼쪽에서 오른쪽 방향으로 뜨개질을 합니다.
2. 사진과 같이 바늘을 첫 코에 집어넣고 실을 걸어 빼냅니다.
3. 실을 빼냈을 때의 모양입니다.
4. 바늘에 실을 다시 걸어서 화살표 방향으로 빼냅니다.
5. 되돌아짧은뜨기를 완성한 모양입니다.

조여서 원형코 만들기 (짧은뜨기)

조여서 원형코를 만드는 방법은 여러 가지가 있지만 패브릭얀으로 만들기에 가장 적합한 방법을 소개합니다.

1. 화살표와 같이 코바늘을 돌려서 실의 고리를 만듭니다.
2. 고리의 교차 지점을 왼손으로 눌러 잡습니다.
3. 바늘에 실을 걸어 고리 안으로 빼냅니다.
4. 다시 코바늘에 실을 걸어 통과해 사슬기둥코를 하나 만듭니다.
5. 고리에 화살표와 같이 들어가 실을 빼냅니다.
6. 실을 걸어 통과시켜 첫 번째 짧은뜨기를 합니다.
7. 필요한 개수만큼 고리에 짧은뜨기를 합니다.
8. 짧은 실의 끝을 당겨서 고리를 조입니다.
9. 원형코의 1단을 완성한 모양입니다.

조여서 원형코 만들기 (한길긴뜨기)

조여서 원형코를 만들 때 한길긴뜨기가 1단인 경우의 설명입니다.

1. 원형 고리를 만들어 실을 통과한 모양입니다. (25쪽 원형코 짧은뜨기의 1~3번을 참고하세요.)
2. 사슬코 3개로 기둥코를 만듭니다.
3. 코바늘에 실을 감아서 화살표와 같이 고리에 한길긴뜨기를 합니다.
4. 필요한 개수만큼 한길긴뜨기를 작업한 모양입니다.
5. 짧은 실의 끝을 잡아당겨 고리를 조입니다.
6. 한길긴뜨기로 원형코의 1단을 완성한 모양입니다.

사슬뜨기로 원형코 만들기

1단의 콧수가 많을 때 사용하는 방법입니다. 완전히 조일 수가 없어서 중간에 구멍이 생깁니다.

1. 필요한 콧수만큼 사슬을 만듭니다.
2. 첫 번째 코의 사슬에 빼뜨기를 합니다.
3. 사슬코로 원형틀을 만든 모양입니다.
4. (1단이 한길긴뜨기로 이루어진 경우) 사슬코 3개로 기둥코를 만듭니다.
5. 화살표와 같이 사슬코로 이루어진 원형틀을 통째로 감싸며 한길긴뜨기를 작업합니다.
6. 한길긴뜨기를 작업한 모양입니다.
7. 필요한 개수만큼 한길긴뜨기를 완성한 모양입니다.

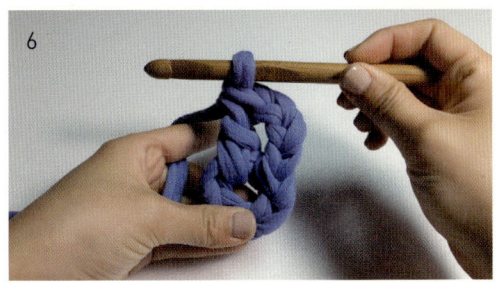

**원형으로 짧은뜨기를 할 때
[빼뜨기+기둥코 만들기]를 꼭 해야 할까?**

해도 되고 안 해도 됩니다. [빼뜨기+기둥코 만들기]를 하면 각 단의 시작과 끝이 분명해서 뜨기가 쉽습니다. 단, '사진 1'과 같이 빼뜨기와 기둥코의 자리가 분명하게 표시가 납니다.

첫 코에 빼뜨기와 기둥코 만들기를 하지 않고 이어서 뜨는 '돌려뜨기'를 하는 경우, 각 단의 시작코를 파악하기가 조금 어려울 수 있으나 편물에 빼뜨기 선이 없어 '사진 2'와 같이 예쁘게 작업할 수 있습니다.

짧은피코뜨기

1. 짧은뜨기 머리 위에서 뜹니다.
2. 사슬코를 3개 만듭니다.
3. 사슬코 3개가 완성된 모양입니다.
4. 화살표와 같이 코바늘을 집어넣습니다.
5. 실을 걸어 화살표와 같이 빼냅니다.
6. 다시 실을 걸어서 화살표와 같이 통과시킵니다.
7. 짧은뜨기 머리에서 피코가 완성된 모양입니다.
8. 편물에서 피코의 모양입니다.

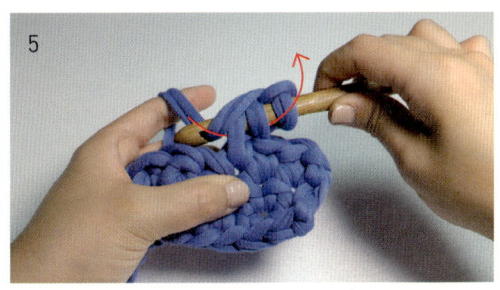

3코 모아 짧은뜨기

〔3코 줄여 짧은뜨기〕라고도 하며, 3코를 1코로 줄이는 방법입니다.

1. 3코 줄임을 할 첫 코에 바늘을 넣어 실을 꺼냅니다.
2. 두 번째 코에 바늘을 넣어 실을 꺼냅니다.
3. 세 번째 코에 바늘을 넣어 실을 꺼내고 코바늘에 실을 걸어서 화살표와 같이 통과시킵니다.
4. 3코 모아 짧은뜨기를 완성한 모양입니다.

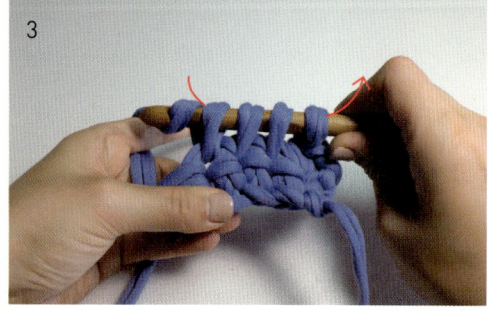
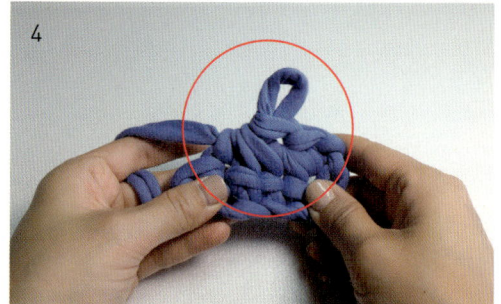

2코 모아 이랑뜨기

2코 모아 이랑뜨기는 코줄임을 이랑뜨기 방법으로 하는 것입니다.

1. 첫 번째 코의 반 코에 바늘을 넣고 실을 꺼냅니다. 두 번째 코도 똑같이 반 코에 바늘을 넣고 화살표와 같이 실을 꺼냅니다.

2. 실을 코바늘에 걸어서 바늘에 걸려 있는 세 가닥의 실 사이로 화살표와 같이 통과시킵니다.

3. 2코 모아 이랑뜨기를 완성한 모양입니다.

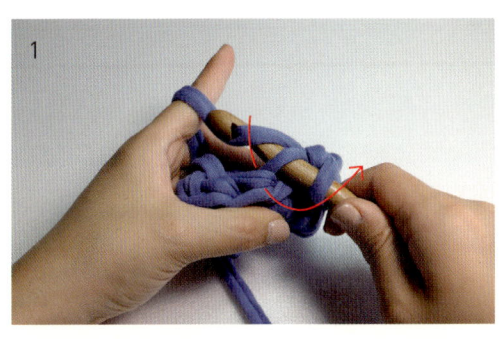

한길 긴 5코 늘려뜨기

1. 첫 코에 빼뜨기를 합니다.
2. 코바늘에 실을 감아서 화살표와 같이 코에 바늘을 넣어 한길긴뜨기를 합니다.
3. 한 개의 한길긴뜨기를 만든 모양입니다.
4. 같은 코에 한길긴뜨기를 4회 더 작업합니다.
5. 빼뜨기를 합니다.
6. 한길 긴 5코 늘려뜨기를 완성한 모양입니다.

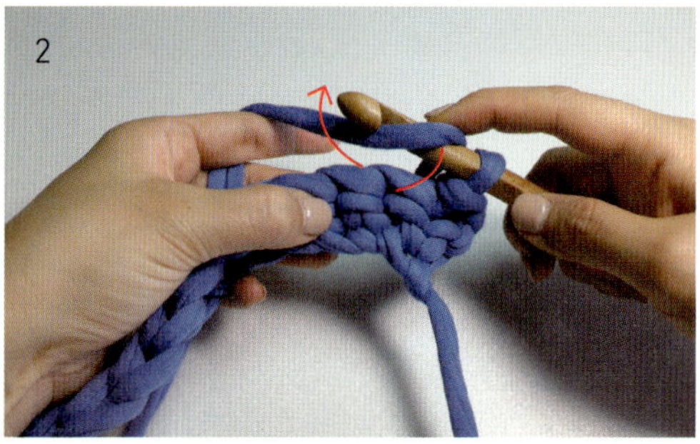

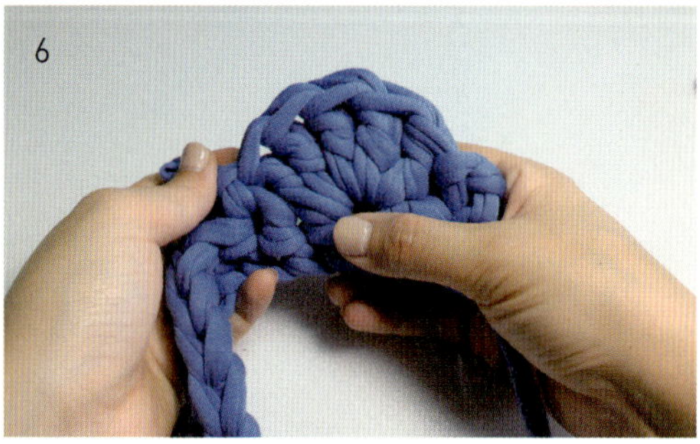

한길 긴 3코 구슬뜨기

한길긴뜨기로 이루어진 구슬뜨기는 미완성 한길긴뜨기를 모아서 한 번에 뜨는 것으로, 구슬처럼 동그란 무늬가 만들어집니다.

1. 코바늘에 실을 감아서 작업할 코에 바늘을 넣어 실을 빼내면 코바늘에 실이 세 가닥 걸리는데 다시 코바늘에 실을 걸어 처음 두 가닥 사이로만 통과시킵니다.
2. 한길긴뜨기가 미완성인 상태에서 다시 실을 걸어서 1번을 두 번 더 반복하여 미완성인 한길 긴뜨기 세 코를 만듭니다.
3. 마지막으로 실을 걸어서 코바늘에 걸려 있는 세 가닥의 실 사이로 통과시키면 한길 긴 3코 구 슬뜨기가 완성됩니다.

- 첫 코에 사슬코가 있는 경우

1. 빼뜨기를 하고 사슬코를 3개 만듭니다.
2. 코바늘에 실을 걸어서 빼뜨기를 한 첫 코에 바늘을 넣어 실을 걸어 빼낸 후(세 가닥의 실이 코바 늘에 걸립니다) 화살표와 같이 코바늘에 실을 걸어 두 가닥 사이로 통과시킵니다.
3. 이 한길긴뜨기가 미완성인 상태에서 실을 다시 걸어서 2번 의 작업을 한 번 더 합니다.
4. 다시 코바늘로 실을 걸어 세 가닥의 실 사이로 모두 통과시 킵니다.

2
대바늘 손뜨개 기본 기법

코 만들기

1. 만들고자 하는 편물 너비의 3배 정도로 실의 여유분을 두고서 만들기 시작합니다. 사진과 같이 실을 교차시켜 원형 고리를 만듭니다.

2~3. 고리 안으로 손가락을 넣어서 화살표와 같이 실을 빼냅니다.

4. 매듭이 만들어집니다.

5. 고리에 바늘을 넣고 바늘 굵기에 맞게 고리의 크기를 조절합니다.

6. 사진과 같이 바늘과 실을 잡습니다.

7. 사진과 같이 ❶, ❷, ❸ 순서대로 바늘을 움직여 코를 만듭니다.

8. 코를 만든 모양입니다.

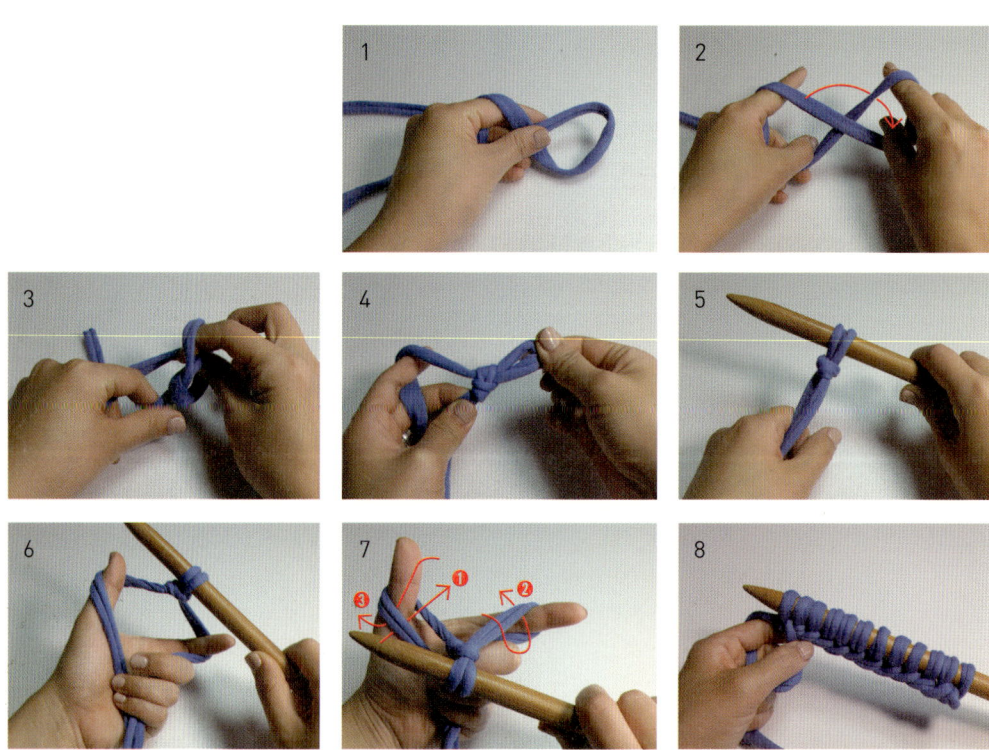

| 1 | **겉뜨기**

1. 화살표와 같이 코의 앞에서 뒤로 바늘을 넣습니다.
2. 화살표 방향으로 바늘에 실을 걸어줍니다.
3. 걸린 실을 가지고 바늘을 빼냅니다. 화살표와 같이 방금 작업한 코를 왼쪽 바늘에서 밀어줍니다.
4. 겉뜨기를 완성한 모양입니다.

> **TIP** 도안은 편물의 앞면의 모양을 표기하는 것입니다. 예를 들어 겉뜨기로만 계속 뜨는 가터뜨기의 경우, 도안에는 겉뜨기 한 단, 안뜨기 한 단이 반복되는 모양으로 표기됩니다.(57쪽 도안 참고) 겉뜨기를 뒤에서 본 모양이 안뜨기의 모양과 같기 때문입니다.

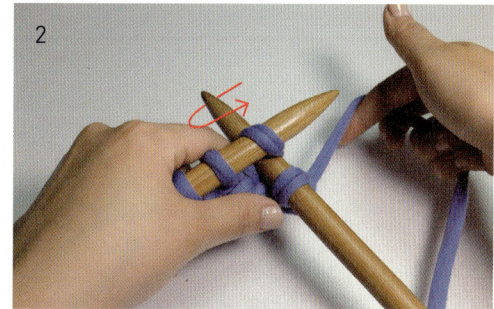
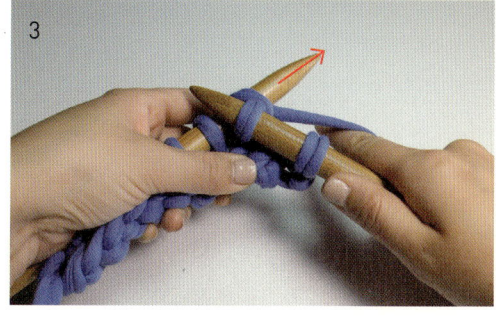

안뜨기

1. 실을 앞에 두고 오른쪽 바늘을 화살표와 같이 뒤에서 앞으로 넣습니다.
2. 오른쪽 바늘에 사진과 같이 실을 걸고 화살표와 같이 뒤로 빼냅니다.
3. 방금 작업한 코를 왼쪽 바늘에서 화살표 방향으로 밀어냅니다.
4. 안뜨기를 완성한 모양입니다.

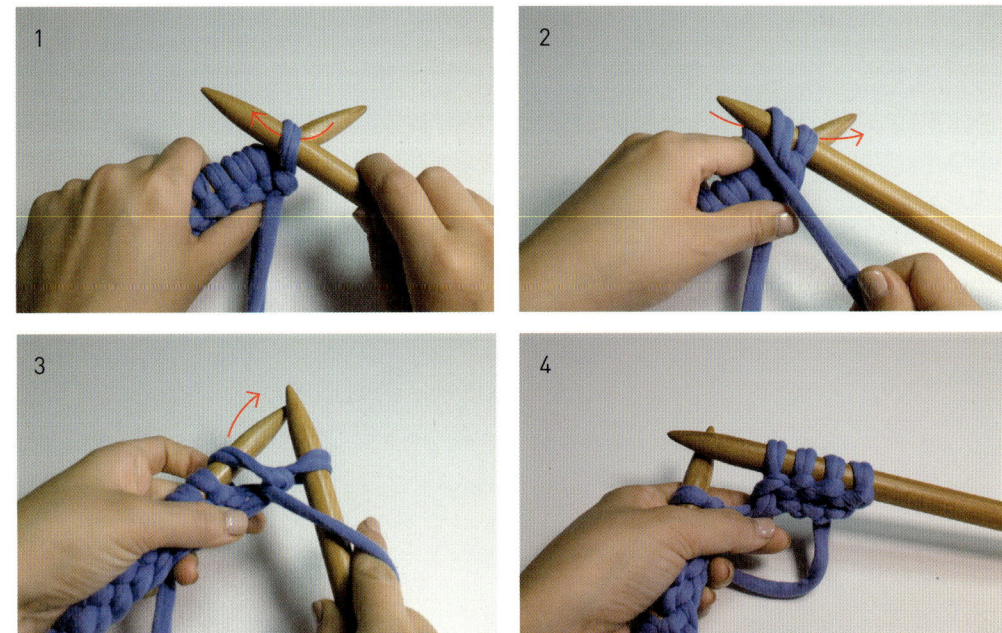

코덮기와 마무리

1. 2코를 뜹니다.
2. 사진과 같이 작업한 첫 번째 코를 왼쪽 바늘로 들어 올립니다.
3. 들어 올린 코를 사진과 같이 두 번째 코에 덮어씌웁니다.
4. 코덮기를 완성한 모양입니다.
5. 마지막 코덮기까지 한 상태에서 실을 자른 다음 화살표와 같이 고리 사이로 통과시킵니다.
6. 화살표 방향과 같이 당겨서 마무리하고 실은 숨겨 정리합니다.

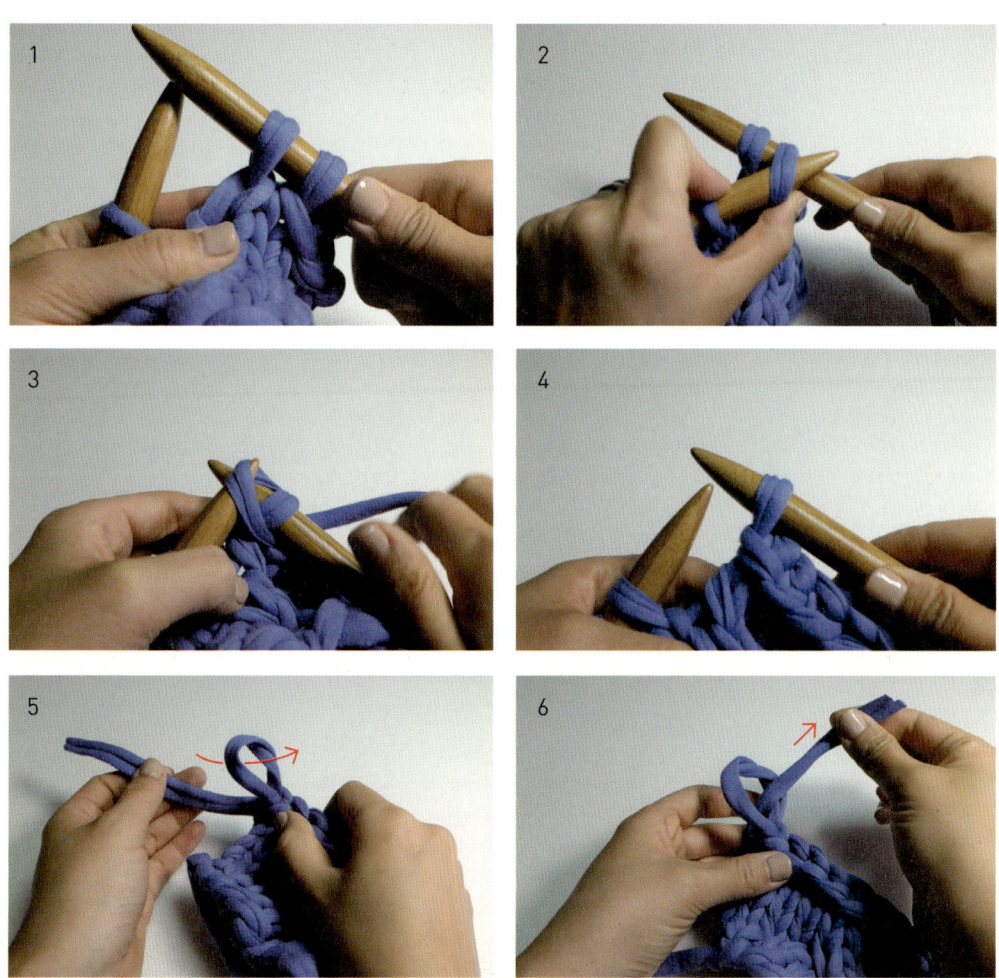

경사뜨기

겉뜨기로만 무늬를 만드는 가터뜨기에서 간단히 할 수 있는 경사뜨기 방법입니다.

1. 필요한 개수만큼 겉뜨기를 합니다.
2. 경사뜨기를 해야 할 곳에서 그대로 바늘을 뒤집어 잡습니다.
3. 앞에 있는 실을 뒤로 보냅니다.
4. 왼쪽 바늘의 첫 코를 사진과 같이 오른쪽 바늘로 옮겨줍니다.(걸러뜨기)
5. 옮긴 첫 코가 느슨하지 않게 실을 당겨 조절합니다.
6. 다음 코는 다시 겉뜨기를 진행합니다.
7. 경사뜨기를 완성한 모양입니다.

오른코 위 2코 교차뜨기

1. 2코를 보조바늘(코바늘을 이용합니다)에 옮기고 사진과 같이 앞으로 보내둡니다.
2. 왼쪽 바늘에 있는 2코를 순서대로 겉뜨기합니다.
3. 보조바늘에 걸려 있는 2코도 각각 겉뜨기를 합니다.
4. 오른코 위 2코 교차뜨기를 완성한 모양입니다.

왼코 위 2코 교차뜨기

1. 2코를 보조바늘에 옮기고 뒤로 보내둡니다.
2. 왼쪽 바늘에 있는 코를 순서대로 겉뜨기합니다.
3. 보조바늘에 걸려 있는 2코도 순서대로 겉뜨기를 합니다.
4. 왼코 위 2코 교차뜨기를 완성한 모양입니다.

오른코 교차뜨기

1. 1코를 보조바늘에 옮기고 앞으로 보내둡니다.
2. 왼쪽 바늘에 있는 첫 코를 겉뜨기합니다.
3. 보조바늘에 걸려 있는 코도 겉뜨기를 합니다.
4. 오른코 교차뜨기를 완성한 모양입니다.

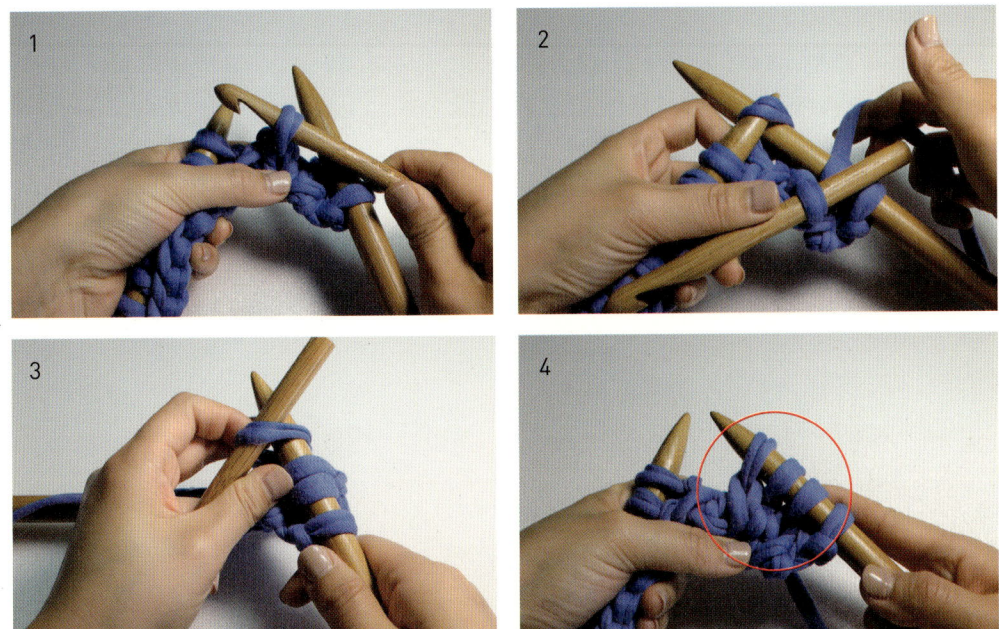

왼코 교차뜨기

1. 1코를 보조바늘에 옮기고 뒤로 보내둡니다.
2. 왼쪽 바늘에 있는 첫 코에 겉뜨기를 합니다.
3. 보조바늘에 걸려 있는 코도 겉뜨기를 합니다.
4. 왼코 교차뜨기를 한 모양입니다.

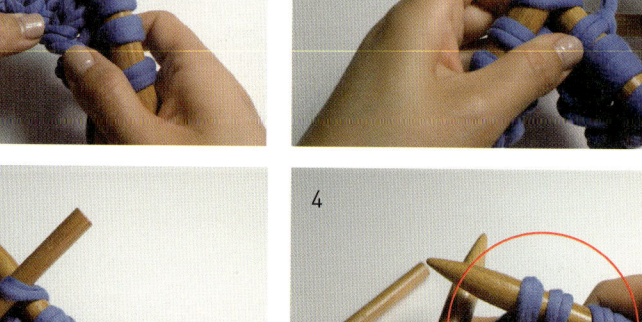

TIP 게이지 내는 방법

— 게이지는 보통 사방 10㎝ 안에 있는 콧수와 단수를 말합니다. 작업하는 바늘과 실 그리고 뜨개질을 하는 사람에 따라서 달라집니다. 특히나 패브릭얀은 종류에 따라서 굵기가 많이 달라 게이지를 확인하고 작업 하는 것이 좋습니다.

— 게이지 확인 방법 : 가로세로 15㎝의 크기로 작업하는 편물 무늬를 뜹니다. 편물을 가지런히 두고서 중간의 10㎝ 안의 콧수와 단수를 계산합니다.

TIP 실의 사용량 표기

패브릭얀은 기본적으로 기존의 원단을 재활용해서 제작된 실로 두께와 무게가 굉장히 다양합니다. 그래서 무게로 사용량을 표시하기에 조금 무리가 있어 소개하는 작품마다 사용 '길이'를 대략적으로 표시했습니다. 사용하는 바늘 사이즈가 클수록 두꺼운 실을 선택하면 좋습니다.

PART 1

인테리어 소품

냄비받침

아주 간단하게 만들 수 있는 냄비받침입니다. 남은 자투리 실을 사용해서 만들기에도 좋고, 냄비뿐 아니라 빈티지 그릇이나 티포트 등과도 잘 어울립니다. 여름에 얼음 담은 피처 아래 깔아두면 바닥에 물이 흐르지 않아 좋아요.

원형 냄비받침 : 준비도구

바늘 코바늘 12㎜, 돗바늘
실 자주색 2m(A), 패턴 4m(B)
주요 기법 원형코p.26, 코늘림p.19, 짧은뜨기p.16

꽃 모티프 냄비받침 : 준비도구

바늘 코바늘 12㎜, 돗바늘
실 패턴 2m(A), 자주색 4m(B)
주요 기법 원형코p.25, 코늘림p.19, 짧은뜨기p.16, 한길긴뜨기p.21

원형 냄비받침 : 뜨개방법과 순서

1단 A실로 원형코를 만들고 사슬 3개로 기둥코를 만든 다음, 한길긴뜨기로 13코를 뜹니다. (14코)

2단 빼뜨기 후 기둥코를 만들고 〔짧은뜨기 1코, 코늘림 1코〕를 7회 반복합니다. (21코)

3단 B실로 바꾼 후, 〔짧은뜨기 2코, 코늘림 1코〕를 7회 반복합니다. 빼뜨기 후 실을 정리해서 마무리합니다. (28코)

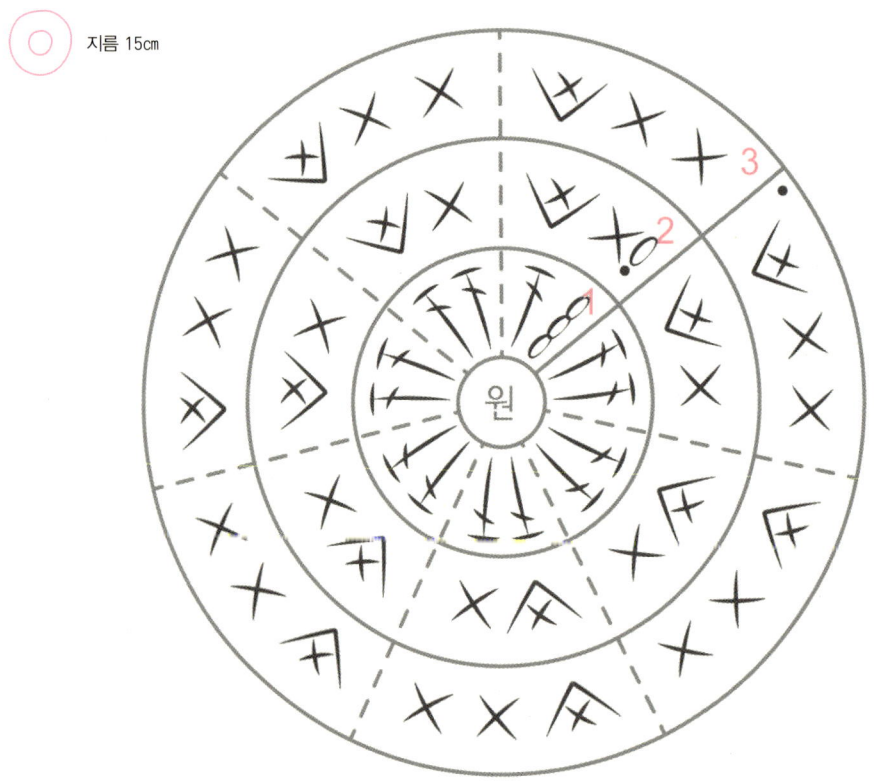

지름 15cm

꽃 모티프 냄비받침 : 뜨개방법과 순서

1단 A실로 원형코를 만들고 기둥코를 하나 만든 후 짧은뜨기로 5코를 뜹니다. (5코)

2단 각 코에 코늘림을 합니다. (10코)

3단 B실로 바꾼 후, 각 코에 코늘림을 합니다. (20코)

4단 〔짧은뜨기 1코, 다음 코에 한길긴뜨기 2코, 다음 코에 한길긴뜨기 2코, 짧은뜨기 1코〕를 5회 반복합니다. 빼뜨기 후 실을 정리해서 마무리합니다. (30코)

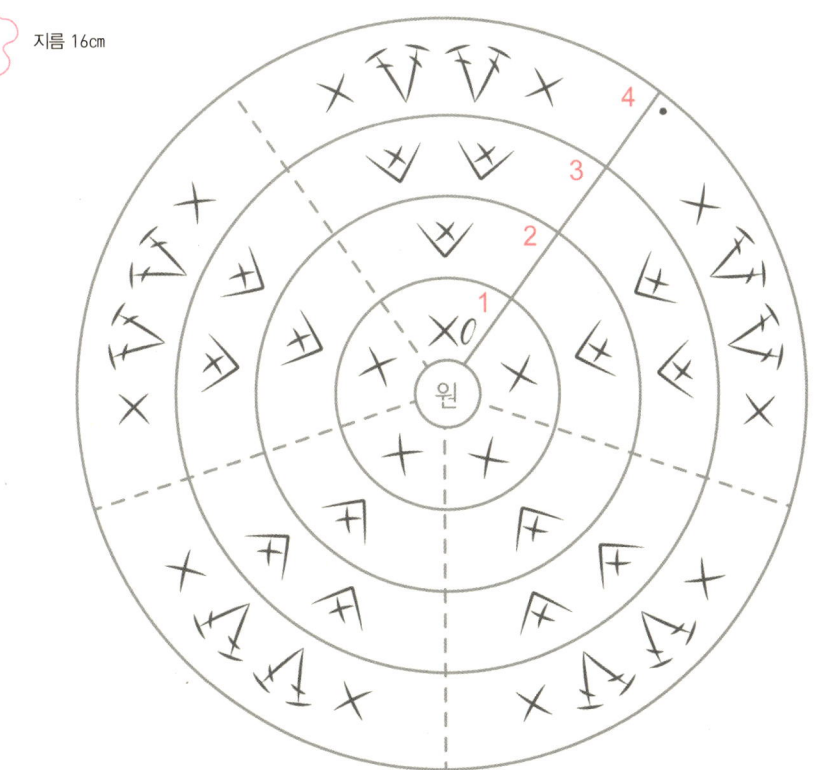

지름 16cm

원형 바구니

작은 바구니는 화분을 넣어서 끈을 달아 걸어두어도 예쁘고, 큰 바구니는 침대 옆이나 소파 옆에 두고 쓰기 좋습니다. 큰 바구니는 윗부분에 접힌 면이 있어 더 멋스럽습니다. 냄비받침을 만드는 방법과 비슷한데, 중간에 이랑뜨기를 하면서 바닥과 벽면이 만들어진다는 게 다르지요. 가방 만들기에도 사용되는 기법입니다.

작은 바구니 : 준비도구

바늘 코바늘 15mm, 돗바늘
실 연두색 50m
주요 기법 짧은뜨기 p.16, 코늘림 p.19, 이랑뜨기 p.23

큰 바구니 : 준비도구

바늘 코바늘 15mm, 돗바늘
실 연분홍색 145m
주요 기법 짧은뜨기 p.16, 코늘림 p.19, 이랑뜨기 p.23

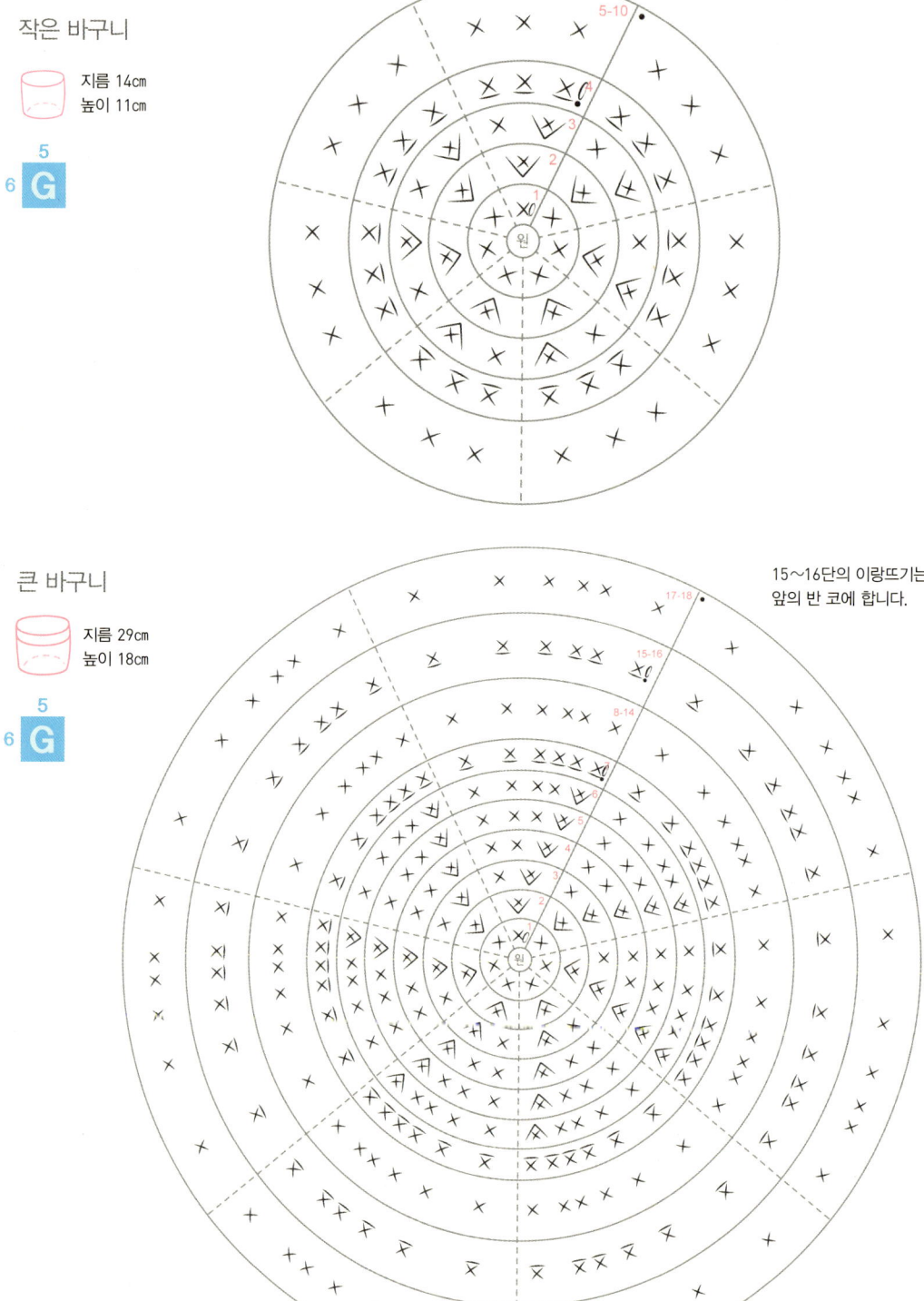

작은 바구니 : 뜨개방법과 순서

- **1단**   원형코를 만들고 기둥코 1개를 만든 후, 짧은뜨기로 7코를 뜹니다. (7코)
- **2단**   각 코에 코늘림을 합니다. (14코)
- **3단**   [코늘림 1코, 짧은뜨기 1코]를 7회 반복합니다. (21코)
- **4단**   첫 코에 빼뜨기를 하고 기둥코를 만든 다음 각 코에 이랑뜨기를 합니다. (21코)
- **5~10단**   각 코에 짧은뜨기를 해서 여섯 단을 뜹니다. 빼뜨기 후 실을 정리해서 마무리합니다. (21코)

큰 바구니 : 뜨개방법과 순서

- **1단**   원형코를 만들고 기둥코 1개를 만든 후, 짧은뜨기로 7코를 뜹니다. (7코)
- **2단**   각 코에 코늘림을 합니다. (14코)
- **3단**   [코늘림 1코, 짧은뜨기 1코]를 7회 반복합니다. (21코)
- **4단**   [코늘림 1코, 짧은뜨기 2코]를 7회 반복합니다. (28코)
- **5단**   [코늘림 1코, 짧은뜨기 3코]를 7회 반복합니다. (35코)
- **6단**   [코늘림 1코, 짧은뜨기 4코]를 7회 반복합니다. (42코)
- **7단**   첫 코에 빼뜨기를 하고 기둥코를 만든 다음 각 코에 이랑뜨기를 합니다. 이때는 뒤의 반 코에 뜨는 기본 이랑뜨기로 작업합니다. (42코)
- **8~14단**   각 코에 짧은뜨기를 해서 일곱 단을 뜹니다. (42코)
- **15~16단**   첫 코에 빼뜨기를 하고 기둥코를 만든 다음 각 코에 이랑뜨기를 합니다. 15단과 16단은 접히는 모양을 위해서 코 머리 앞의 반 코에 짧은뜨기를 하는 이랑뜨기로 작업합니다. (42코)
- **17~18단**   각 코에 짧은뜨기를 해서 두 단을 뜹니다. 빼뜨기 후 실을 정리해서 마무리합니다. (42코)

화 분 커 버

대바늘로 만드는 화분 커버입니다. 물 빠짐을 위해 바닥 없이 만드는 데다 겉뜨기만 하면 되므로 무척 간단하게 만들 수 있습니다. 집에 있는 화분 크기에 맞춰 다양하게 만들어보세요. 얇은 실로 아주 작게 만들면 컵이나 캔들 홀더로도 응용할 수 있어요.

준비도구

바늘 대바늘 15mm, 돗바늘
실 아이보리색 80m
주요 기법 겉뜨기 p.35

뜨개방법과 순서

베이스 20~24코를 만듭니다. 작업하려는 화분의 높이와 입구 쪽 접힐 부분을 고려하여 코의 개수를 정합니다.

1~원하는 단 화분의 둘레만큼 겉뜨기로만 계속 뜹니다.(가터뜨기) 코덮음을 하고 시작단과 마지막단을 돗바늘로 꿰맵니다.

 각자의 화분 크기에 맞춰 작업하세요. 게이지 작업은 필요하지 않습니다.

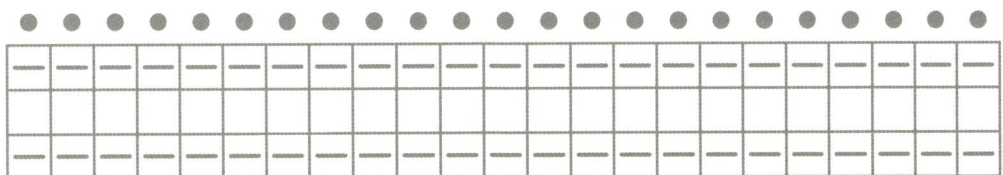

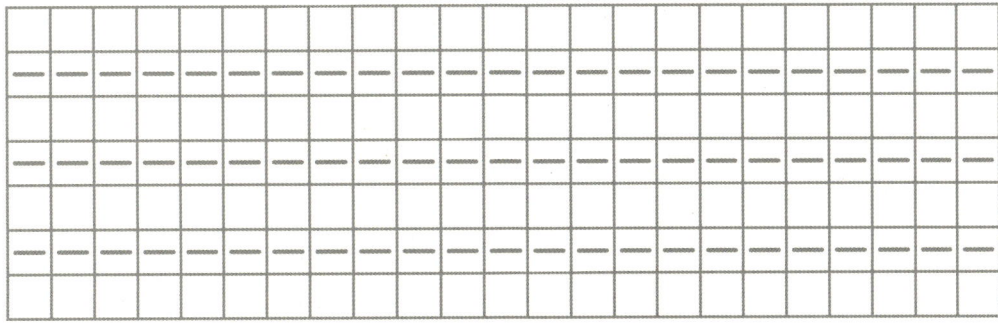

1 ←

소품 정리함

둥근 뚜껑과 뾰족 뚜껑, 두 가지 모양의 소품 정리함입니다. 동화 속에서 튀어나온 듯한 모양으로, 창틀에 쪼로록 놓아도 예쁘고 아이 방에 두어도 귀여운 포인트가 됩니다.

둥근 뚜껑 : 준비도구

바늘 코바늘 8~9㎜, 돗바늘
실 아이보리색 6m(A), 연두색 4m(B)
주요 기법 짧은뜨기p.16, 코늘림p.19, 이랑뜨기p.23

뾰족 뚜껑 : 준비도구

바늘 코바늘 8~9㎜, 돗바늘
실 진베이지색 6m(A), 빨간색 4m(B)
주요 기법 짧은뜨기p.16, 코늘림p.19, 이랑뜨기p.23

둥근 뚜껑 : 뜨개방법과 순서

통

1단	A실로 원형코를 만들고 기둥코 작업 후 짧은뜨기로 8코를 뜹니다. (8코)
2단	각 코에 코늘림을 합니다. (16코)
3단	[코늘림 1코, 짧은뜨기 1코]를 8회 반복합니다. (24코)
4단	첫 코에 빼뜨기를 하고 기둥코를 만든 다음 각 코에 이랑뜨기를 합니다. (24코)
5~11단	각 코에 짧은뜨기를 해서 일곱 단을 뜹니다. 빼뜨기 후 실을 정리해서 마무리합니다. (24코)

뚜껑

1~3단	통의 1~3단과 동일하게 B실로 작업합니다. 단, 시작할 때 고리를 만들 실의 여유분을 두고 원형코를 만듭니다.
4단	[코늘림 1코, 짧은뜨기 3코]를 6회 반복합니다. (30코)
5~6단	각 코에 짧은뜨기를 해서 두 단을 뜹니다. 빼뜨기 후 실을 정리해서 마무리합니다. (30코)

고리(뾰족 뚜껑의 고리도 같은 방법으로 만듭니다.)

뚜껑 원형코를 만들 때 남겨둔 실로 만듭니다. 실이 모자라면 새로운 실을 연결해서 만들어도 됩니다. 사슬코 8개를 만들고 첫 코에 빼뜨기를 합니다. 매듭은 뚜껑 안쪽에 묶어 숨깁니다.

 통 : 세로 8cm, 지름 8cm
뚜껑 : 세로 10cm, 높이 4cm

9.5
11 G

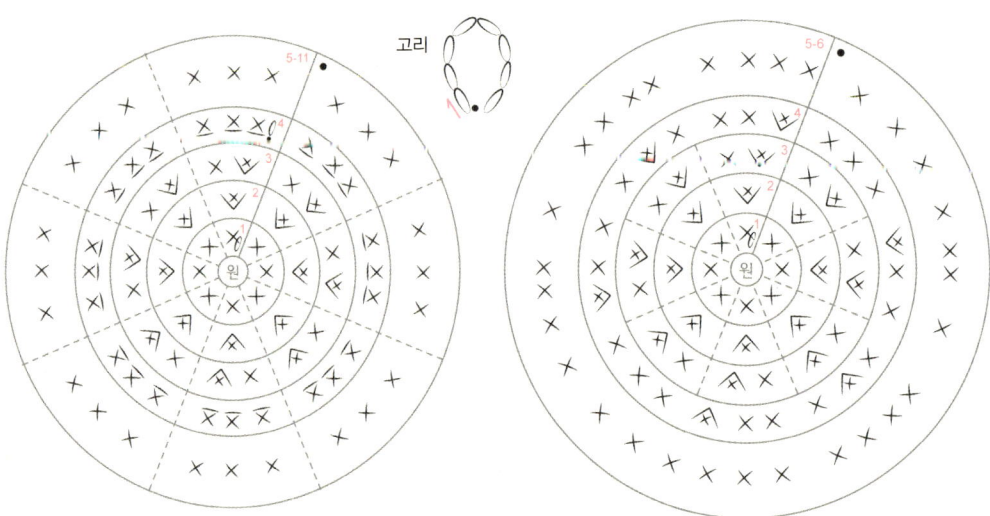

뾰족 뚜껑 : 뜨개방법과 순서

통

1단	A실로 원형코를 만들고 기둥코 작업 후 짧은뜨기로 8코를 뜹니다. (8코)
2단	각 코에 코늘림을 합니다. (16코)
3단	〔코늘림 1코, 짧은뜨기 1코〕를 8회 반복합니다. (24코)
4단	첫 코에 빼뜨기를 하고 기둥코를 만든 다음 각 코에 이랑뜨기를 합니다. (24코)
5~11단	각 코에 짧은뜨기를 해서 일곱 단을 뜹니다. 빼뜨기 후 실을 정리해서 마무리합니다. (24코)

뚜껑

1단	B실로 원형코를 만들고 기둥코 작업 후 짧은뜨기로 5코를 뜹니다. (5코)
2단	각 코에 코늘림을 합니다. (10코)
3단	〔코늘림 1코, 짧은뜨기 1코〕를 5회 반복합니다. (15코)
4단	〔코늘림 1코, 짧은뜨기 2코〕를 5회 반복합니다. (20코)
5단	〔코늘림 1코, 짧은뜨기 3코〕를 5회 반복합니다. (25코)
6단	〔코늘림 1코, 짧은뜨기 4코〕를 5회 반복합니다. (30코)
7단	각 코에 짧은뜨기를 합니다. 빼뜨기 후 실을 정리해서 마무리합니다. (30코)

통 : 세로 8cm, 지름 8cm
뚜껑 : 세로 10cm, 높이 8cm

9.5
11 G

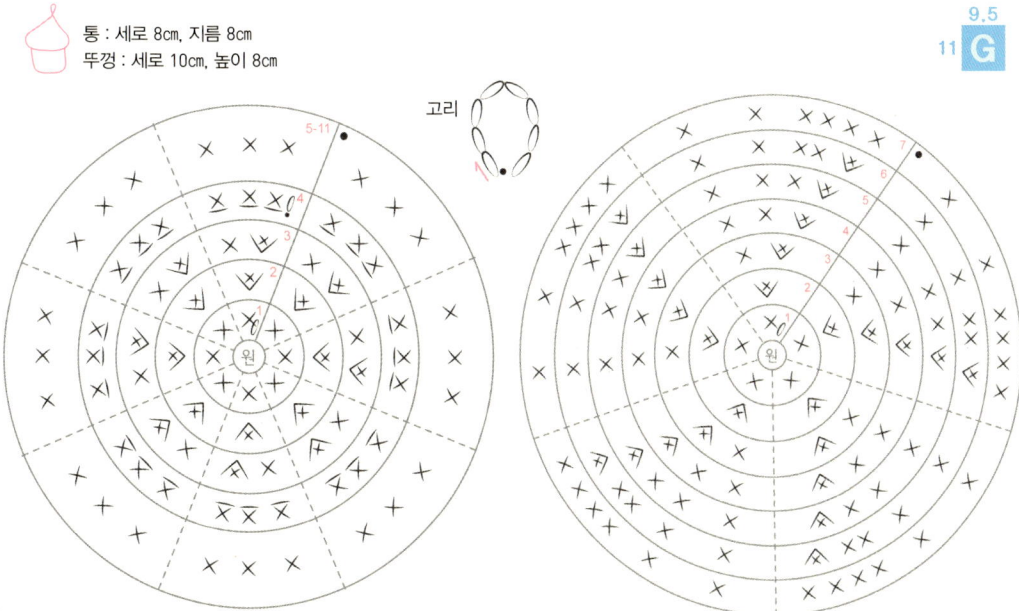

와이드 바구니

길쭉한 모양이라 공간 활용에 좋은 바구니입니다. 무엇을 담아도 유연하게 모양이 잡혀 자연스럽습니다. 피크닉이나 캠핑가서 쓰기에도 좋아요.

준비 도구

바늘 코바늘 12㎜, 돗바늘

실 파란색 120m(A), 패턴 25m(B)

주요 기법 짧은뜨기p.16, 코늘림p.19, 이랑뜨기p.23, 되돌아짧은뜨기p.24

가로 40cm, 세로 13cm, 높이 11cm

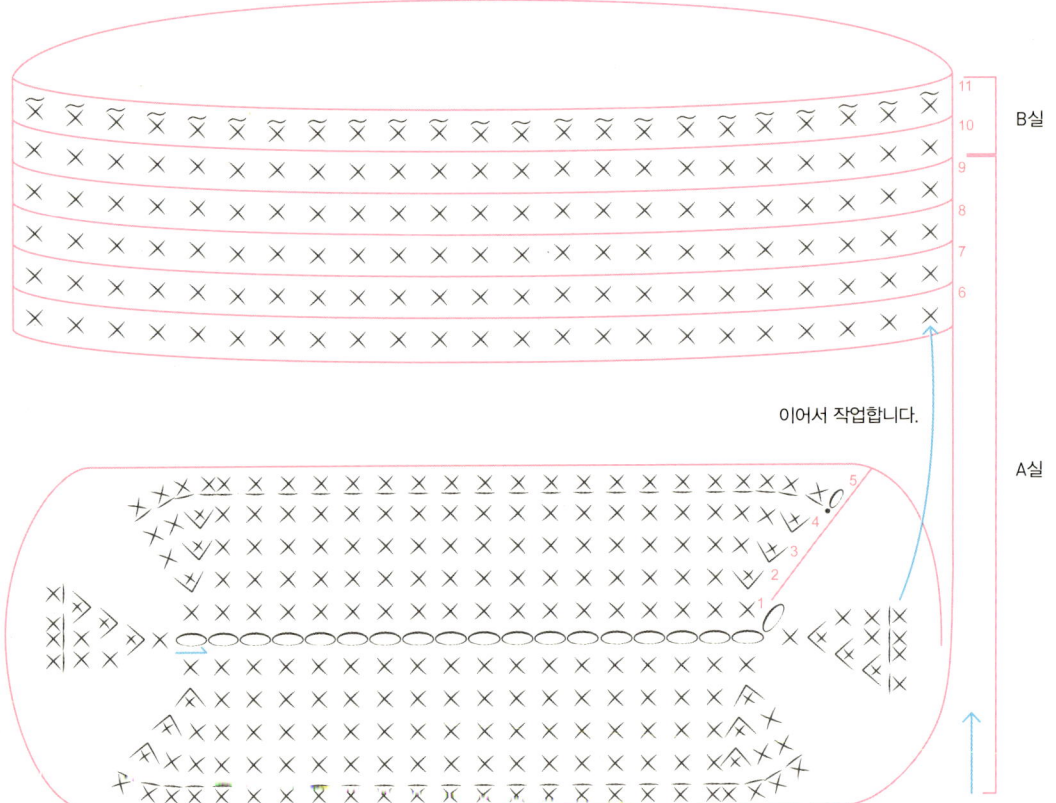

이어서 작업합니다.

B실

A실

뜨개방법과 순서

베이스 A실을 사용해서 사슬뜨기로 18코를 만듭니다.

1단 기둥코를 만들고 각 사슬에 도안과 같이 빙 둘러 짧은뜨기를 합니다. (18쪽 '기초 사슬코의 양쪽에 작업할 때' 참고)(38코)

2단 도안과 같이 해당 자리에서 코늘림을 하면서 한 단을 뜹니다. (44코)

3단 도안과 같이 해당 자리에서 코늘림을 하면서 한 단을 뜹니다. (50코)

4단 도안과 같이 해당 자리에서 코늘림을 하면서 한 단을 뜹니다. (56코)

5단 첫 코에 빼뜨기를 하고 기둥코를 만든 다음 각 코에 이랑뜨기를 합니다. (56코)

6~9단 각 코에 짧은뜨기를 해서 네 단을 뜹니다. (56코)

10단 B실로 바꿔서 짧은뜨기로 한 단을 뜹니다. (56코)

11단 각 코에 되돌아짧은뜨기를 해서 한 단을 뜹니다. 빼뜨기 후 실을 정리해서 마무리합니다. (56코)

손잡이 사각 바구니

거실, 방, 베란다 등 집안 곳곳에서 쓰임새가 아주 좋은 바구니입니다. 양쪽에 손잡이가 있어서 이동하기에 편하고, 자주 쓰는 자질구레한 소품들을 쓱 모아서 담아두기만 해도 말끔하게 정리된 느낌을 줍니다.

준비 도구

바늘 코바늘 12㎜, 돗바늘
실 자주색 155m
주요 기법 짧은뜨기 p.16

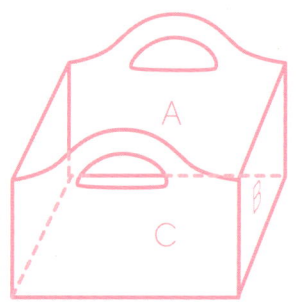

가로 25cm
세로 33cm, 높이 13cm

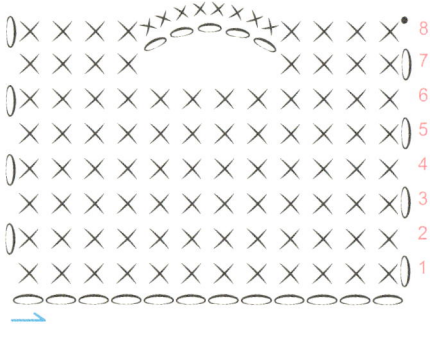

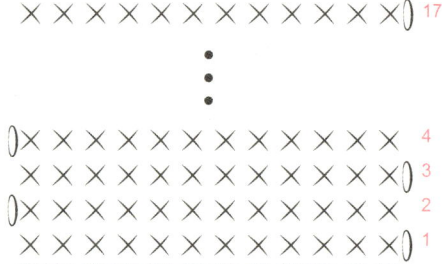

연결
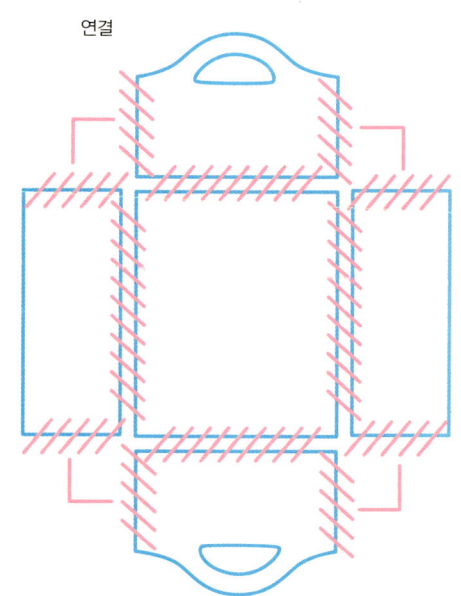

뜨개방법과 순서

앞면×2

베이스	사슬뜨기로 12코를 만듭니다.
1~6단	기둥코를 만든 다음 각 코에 짧은뜨기를 하며 여섯 단을 뜹니다. (12코)
7단	기둥코를 만든 다음 짧은뜨기 4코, 사슬뜨기 5코, 짧은뜨기 4코를 뜹니다.
8단	기둥코를 만든 다음 짧은뜨기 4코, 사슬을 감싸며 짧은뜨기 8코(18쪽 '편물 중간에 있는 사슬코에 작업할 때' 참고), 짧은뜨기 4코를 뜹니다. 빼뜨기 후 실을 정리해서 마무리합니다. (16코)

옆면×2

베이스	사슬뜨기로 16코를 만듭니다.
1~8단	기둥코를 만든 다음 각 코에 짧은뜨기를 하며 여덟 단을 뜹니다. 빼뜨기 후 실을 정리해서 마무리합니다. (16코)

바닥면×1

베이스	사슬뜨기로 12코를 만듭니다.
1~18단	기둥코를 만든 다음 각 코에 짧은뜨기를 하며 열여덟 단을 뜹니다. 빼뜨기 후 실을 정리해서 마무리합니다. (12코)

TIP : 실의 두께에 따라 단수는 조금씩 달라질 수 있습니다. 옆면 길이에 맞춰 단수를 조정합니다.

연결

돗바늘을 사용해서 각 부분을 그림과 같이 꿰맵니다.

손잡이 원형 바구니

손잡이가 있어 가방 같기도 한 커다란 원형 바구니입니다. 바닥을 원형으로 탄탄하게 만들어서 물건을 넉넉하게 담을 수 있고, 안정감 있게 세워둘 수 있습니다. 장난감 바구니나 빨랫감 바구니로 사용해도, 또는 계절에 어울리는 풀이나 나뭇가지 등을 꽂아놓아도 훌륭한 인테리어 소품이 됩니다.

준비 도구

바늘 코바늘 15mm, 돗바늘
실 귤색 260m
주요 기법 짧은뜨기 p.16, 코늘림 p.19, 이랑뜨기 p.23

가로 40cm
높이 40cm, 바닥 지름 25cm

이어서 작업합니다.

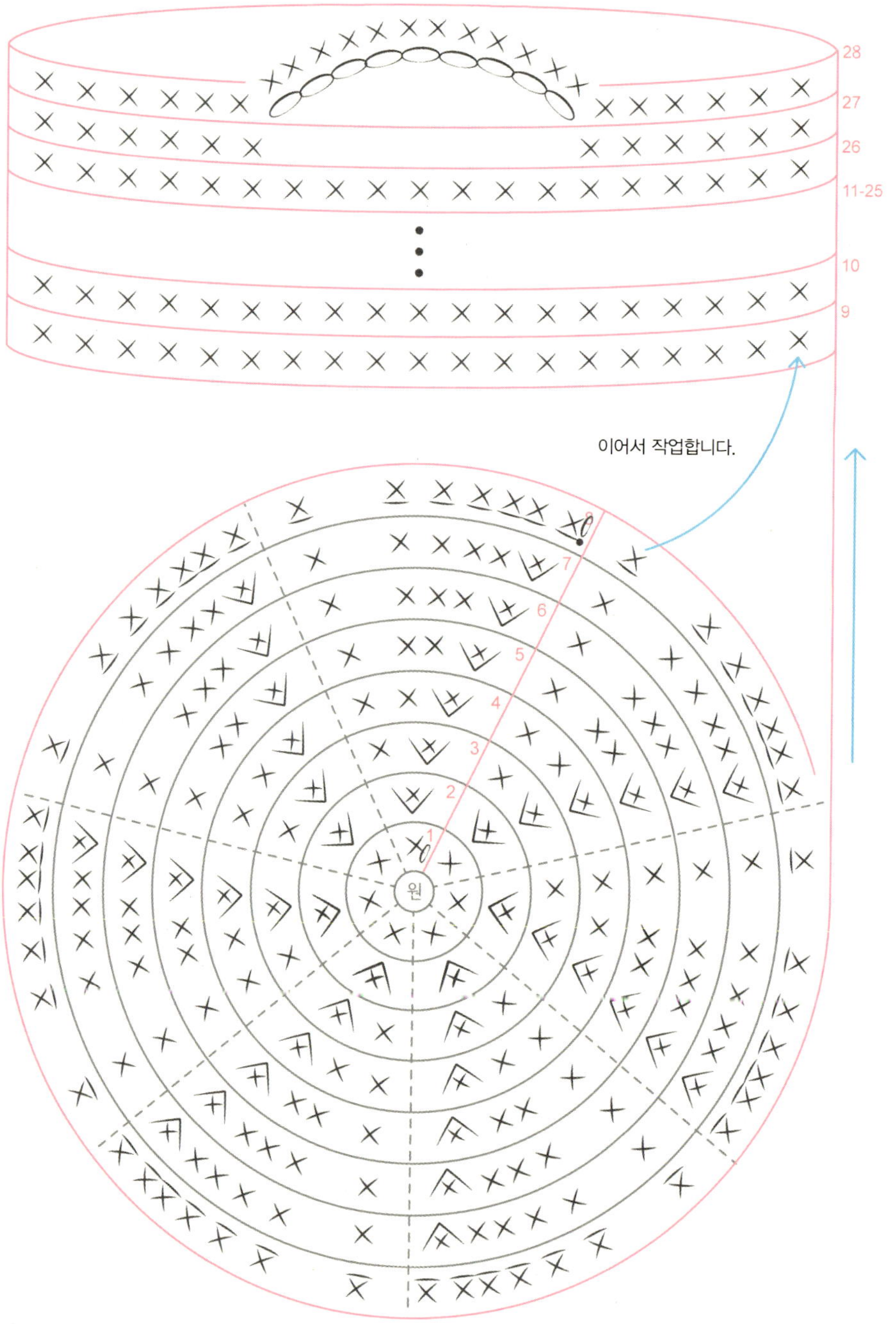

뜨개방법과 순서

1단 원형코를 만들고 기둥코를 하나 만든 후 짧은뜨기로 7코를 뜹니다. (7코)

2단 각 코에 코늘림을 합니다. (14코)

3단 [코늘림 1코, 짧은뜨기 1코]를 7회 반복합니다. (21코)

4단 [코늘림 1코, 짧은뜨기 2코]를 7회 반복합니다. (28코)

5단 [코늘림 1코, 짧은뜨기 3코]를 7회 반복합니다. (35코)

6단 [코늘림 1코, 짧은뜨기 4코]를 7회 반복합니다. (42코)

7단 [코늘림 1코, 짧은뜨기 5코]를 7회 반복합니다. (49코)

8단 빼뜨기 후 기둥코를 하나 만든 다음 각 코에 이랑뜨기를 합니다. (49코)

9~26단 각 코에 짧은뜨기를 해서 열일곱 단을 뜹니다. (49코)

27단 짧은뜨기 6코, 사슬뜨기 9코를 뜬 다음, 7코를 건너뛰고 짧은뜨기 12코, 사슬뜨기 9코를 뜹니다. 다시 7코를 건너뛰고 남은 6코에 짧은뜨기를 합니다.

28단 도안과 같이 각 짧은뜨기 위에는 짧은뜨기, 사슬코 위는 감싸며 짧은뜨기 12코를 한 다음 빼뜨기 후 실을 정리해서 마무리합니다. (48코)

팟 홀더

작고 간편한 주방장갑입니다. 손을 쏙쏙 넣었다 뺐다 하기에 편리해서 식탁 위에 두고 냄비 뚜껑을 집거나 차 주전자를 잡을 때 쓰기 좋습니다. 펼쳐놓으면 바로 냄비받침으로 쓸 수도 있어요.

준비 도구

바늘 코바늘 8mm, 돗바늘

실 아이보리색 20m(A), 연두색 16m(B) * 배색 도안이기 때문에 폭 2㎝ 정도의 얇은 패브릭얀이 적당합니다.

주요 기법 짧은뜨기p.16, 이랑뜨기p.23

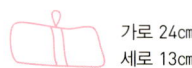

가로 24cm
세로 13cm

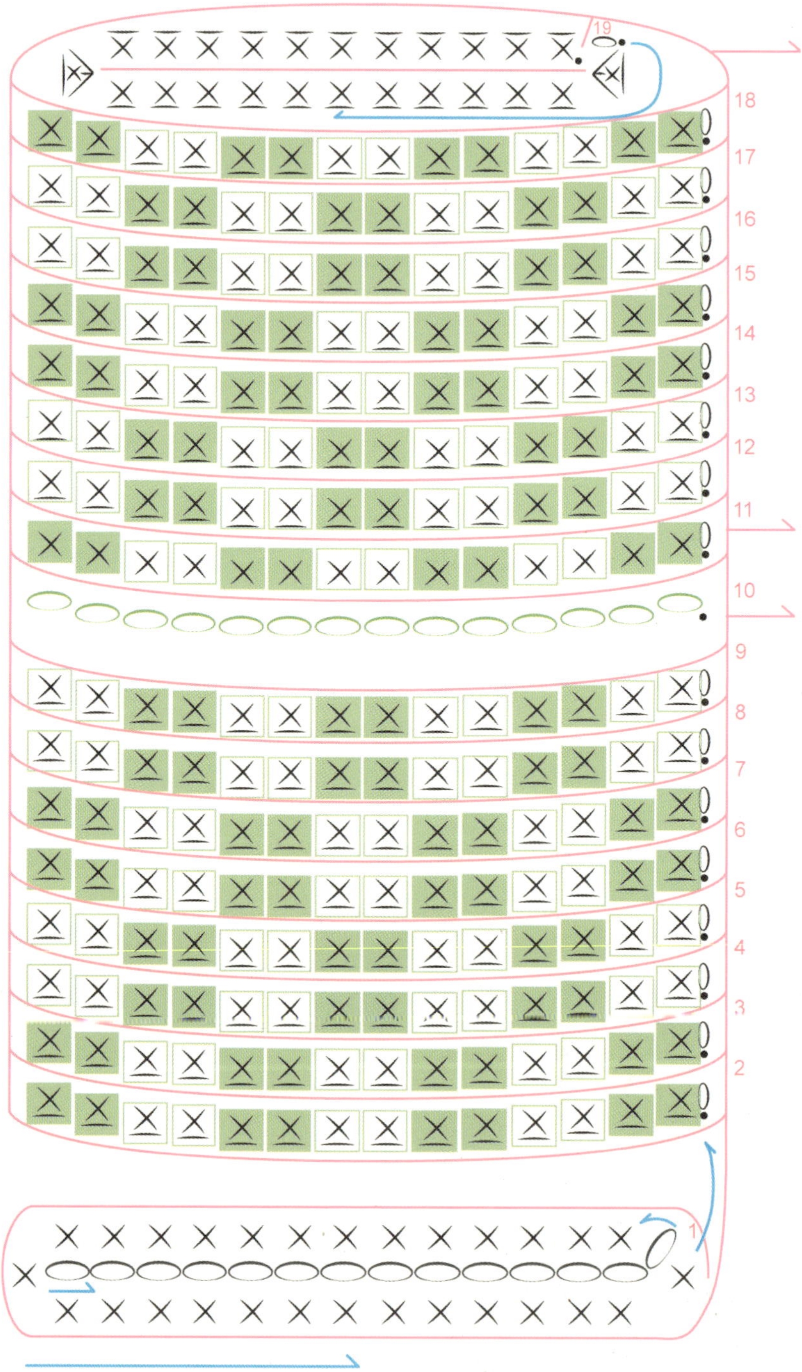

뜨개방법과 순서

베이스 A실을 사용해서 사슬뜨기로 13코를 만듭니다.

1단 기둥코를 만들고 각 사슬에 도안과 같이 빙 둘러 짧은뜨기를 합니다. (28코)

2~9단 첫 코에 빼뜨기를 하고 기둥코를 만든 다음, 배색에 맞게 실의 색을 바꿔가며 이랑뜨기로 여덟 단을 뜹니다. (28코)

10단 첫 코에서 빼뜨기를 한 후 사슬코를 14개 만듭니다. 9단의 14코를 건너뛰고 이어서 배색에 맞게 실의 색을 바꿔가며 이랑뜨기로 14코를 뜹니다. (28코)

11단 10단에서 만든 사슬코 14개 위에 배색무늬 도안을 참고해서 실의 색을 바꿔가며 짧은뜨기를 하고 이어서 이랑뜨기로 14코를 뜹니다. (28코)

12~18단 배색무늬 도안을 참고해서 이랑뜨기로 일곱 단을 뜹니다. (28코)

19단 첫 코에서 빼뜨기를 하고 기둥코를 만든 후, 3코 모아 이랑뜨기, 각 코에 이랑뜨기 11코, 3코 모아 이랑뜨기, 각 코에 이랑뜨기 11코를 한 후 빼뜨기를 해서 실을 15cm 정도 남겨두고 자릅니다. 돗바늘로 감침질을 해서 마무리합니다. (24코)

 감침질

색상 바꾸기

실의 색을 바꿀 때는 색을 바꿀 코의 이전 코에서 실을 걸어서 통과시킬 때 바꿔줍니다. 통과시키는 실을 새로운 실로 하는 것입니다.

팟 홀더와 같이 가로 배색인 경우에 마무리를 할 때는, 실의 색이 바뀔 때마다 이전 실을 뒤에 두고 감싸며 짧은뜨기(또는 이랑뜨기)를 해서 깔끔하게 실을 정리합니다.

벙어리 주방장갑

일반적으로 가장 많이 쓰는 형태의 주방장갑입니다. 밝은 색으로 만들어서 주방에 경쾌한 느낌을 더해줍니다. 손가락 부분을 연결하는 게 복잡해 보일 수 있지만 생각보다 간단하게 이을 수 있어요.

준비 도구

바늘 코바늘 10㎜, 돗바늘

실 빨간색 1.5m(A), 패턴 50m(B)

주요 기법 짧은뜨기p.16, 코늘림p.19, 코줄임p.20

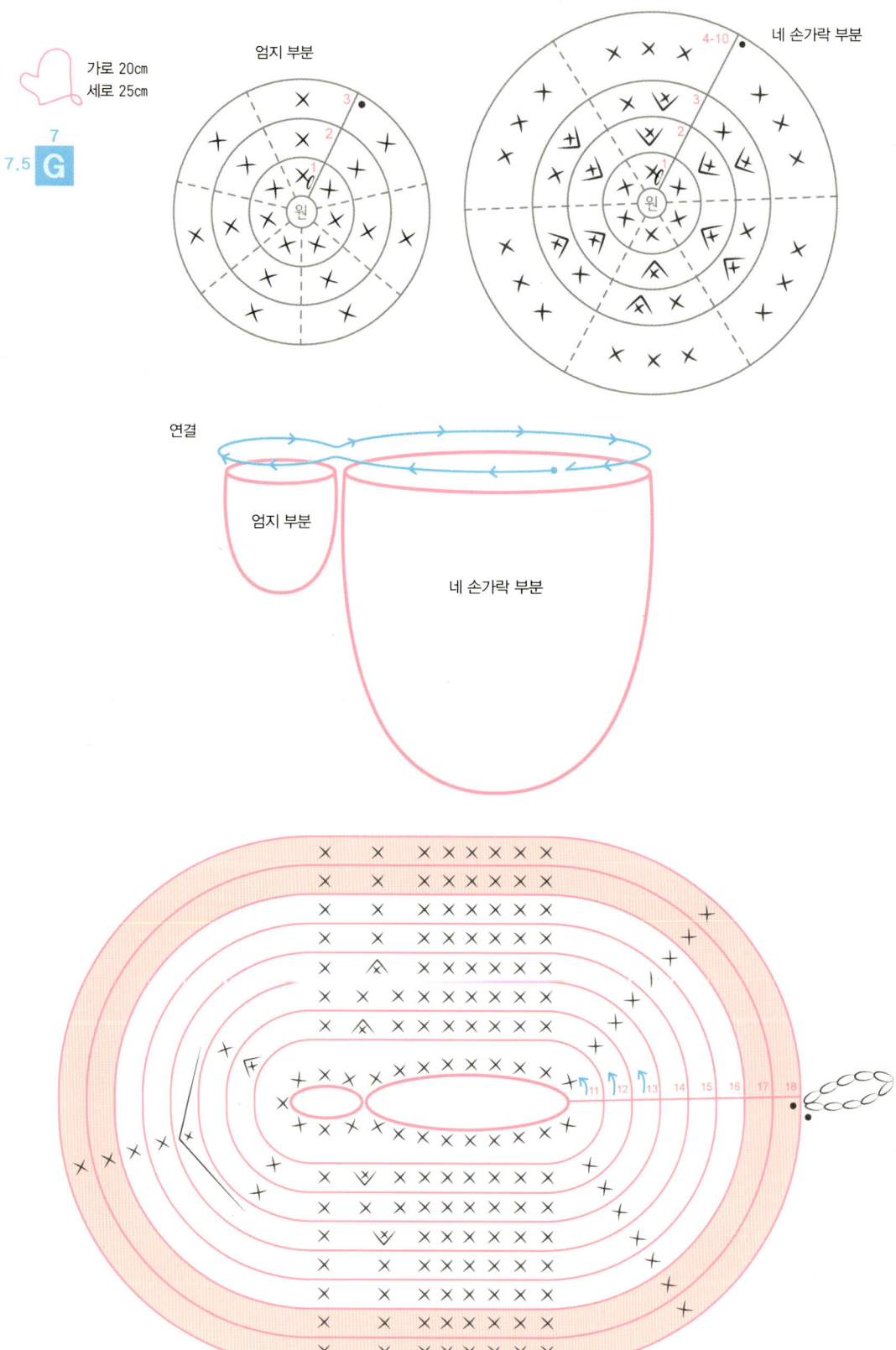

뜨개방법과 순서

엄지 부분

1단	A실로 원형코를 만들고 기둥코를 하나 만든 후 짧은뜨기로 7코를 뜹니다. (7코)
2~3단	각 코에 짧은뜨기를 해서 두 단을 뜹니다. 빼뜨기 후 실을 정리해서 마무리합니다. (7코)

네 손가락 부분

1단	B실로 원형코를 만들고 기둥코를 하나 만든 후 짧은뜨기로 6코를 뜹니다. (6코)
2단	각 코에 코늘림을 합니다. (12코)
3단	[코늘림 1코, 짧은뜨기 1코]를 6회 반복합니다. (18코)
4~10단	각 코에 짧은뜨기를 합니다. 빼뜨기 후 연결해서 11단을 바로 뜹니다. (18코)

연결

11단	엄지 부분과 네 손가락 부분을 나란히 놓고, 10단 마지막 코에서부터 그림과 같이 화살표 방향으로 11단을 뜹니다. 네 손가락 부분부터 짧은뜨기 9코, 엄지 부분 7코, 다시 네 손가락 부분 9코입니다. (25코)
12~16단	도안과 같이 해당 자리에서 코줄임을 하면서 다섯 단을 뜹니다. (19코)
17~18단	B실로 바꿔서 짧은뜨기로 두 단을 뜹니다. 빼뜨기 후 실을 정리해서 마무리합니다. (19코)

고리

첫 코에서 빼뜨기를 한 후 사슬코 10개를 만들고, 첫 코로 돌아와서 다시 빼뜨기를 해서 마무리합니다. 남은 실들은 돗바늘로 정리합니다.

다이아몬드 쿠션

다이아몬드 무늬 쿠션입니다. 패브릭얀은 털 날림도 없고 세탁하기도 편해서 쿠션 만들기에 제격이에요. 앞면 뒷면을 따로 만들 필요 없이 하나로 쭉 뜨면 되는 간단한 도안입니다. 계절이나 집안 분위기에 따라 색을 바꿔서 만들어보세요.

준비 도구

바늘 대바늘 15mm, 돗바늘
실 진한초록색 260m
기타 사각쿠션 솜, 단추 2개
주요 기법 겉뜨기[p.35], 안뜨기[p.36]

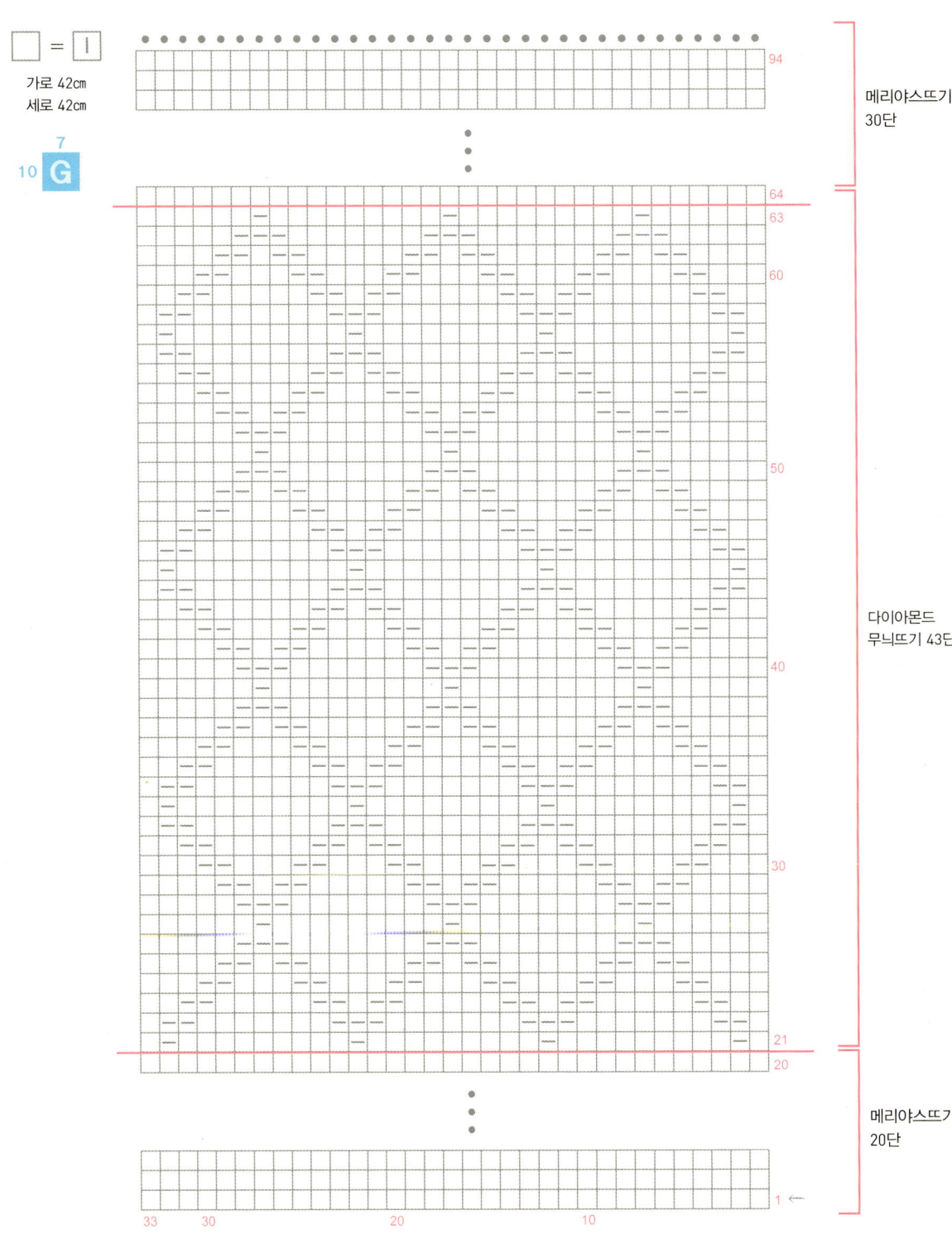

뜨개방법과 순서

베이스   33코를 만듭니다.
1~20단   겉뜨기와 안뜨기를 한 단씩 번갈아가며 스무 단을 뜹니다. (메리야스뜨기, 33코)
21~63단 도안과 같이 겉뜨기와 안뜨기로 다이아몬드 무늬를 만들며 마흔세 단을 뜹니다.
             (다이아몬드무늬뜨기, 33코)
64~94단 겉뜨기와 안뜨기를 한 단씩 번갈아가며 서른 단을 뜹니다. (메리야스뜨기, 33코)

TIP : 쿠션 크기에 따라 코와 단의 수를 조금씩 조정해 작업하세요.

연결

1 그림과 같이 메리야스뜨기 부분을 접어줍니다.
2 쿠션의 옆면을 돗바늘과 실을 이용해서 연결합니다.
3 겹치는 부분의 양쪽 끝을 돗바늘과 실을 이용해서 살짝 꿰맵니다. 양쪽 끝이 들 뜨는 것을 보완하는 것입니다.
4 겹치는 부분의 아래쪽 편물에 단추를 달고, 위쪽 편물의 코와 코 사이에 끼워줍 니다. 쿠션 솜은 단추를 끼우기 전에 겹치는 부분의 틈으로 넣습니다.

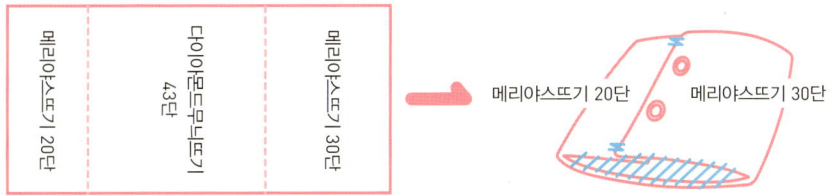

실내화

찬바람이 불기 시작하면 꼭 찾게 되는 실내화입니다. 발바닥 부분이 밑창까지 두 겹이 되는 작업이니, 도안을 잘 보면서 만들어보세요. 여기에서 소개하는 도안은 여성에게 더 잘 맞는 사이즈이고, 단수를 조금 늘리면 남성용으로도 만들 수 있습니다.

준비 도구

바늘 코바늘 10㎜, 돗바늘
실 회색 50m(A), 베이지색 1.5m(B)
주요 기법 짧은뜨기p.16, 코늘림p.19, 코줄임p.20

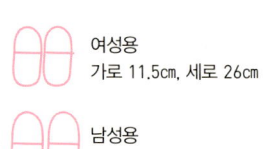

여성용
가로 11.5cm, 세로 26cm

남성용
가로 11.5cm, 세로 29cm

※남성용으로 만들려면 발바닥 부분과 밑창을 두 단 정도 더 작업해서 동일하게 마감하면 됩니다.

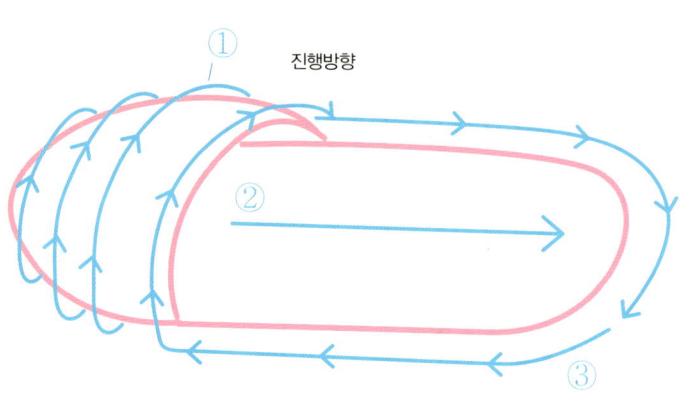

① 진행방향

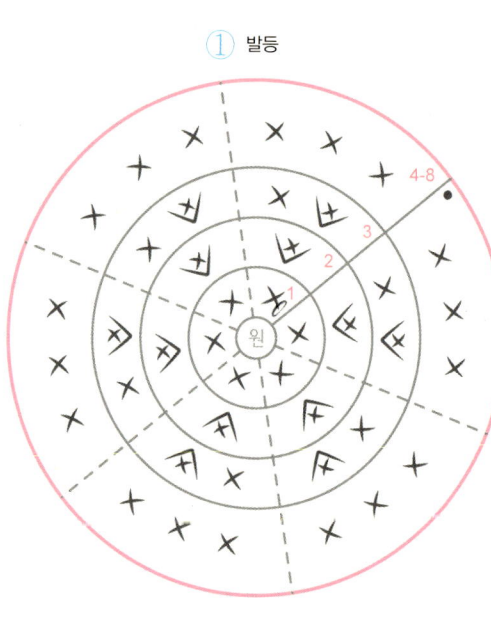

① 발등

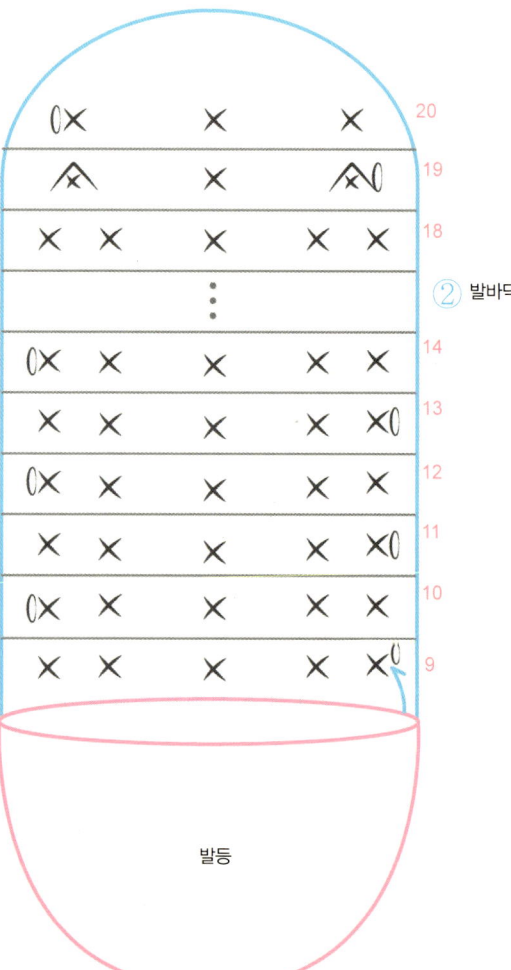

② 발바닥

발등

뜨개방법과 순서

발등 부분

1단	A실로 원형코를 만들고 기둥코를 하나 만든 후 짧은뜨기로 6코를 뜹니다. (6코)
2단	각 코에 코늘림을 합니다. (12코)
3단	[코늘림 1코, 짧은뜨기 1코]를 6회 반복합니다. (18코)
4~8단	각 코에 짧은뜨기를 합니다. 5단부터는 B실로 바꿔서 작업하고 8단은 다시 A실로 작업합니다. 첫 코에 빼뜨기를 합니다. (18코)

발바닥 부분

9단	기둥코를 만든 다음, 빼뜨기를 한 첫 코부터 짧은뜨기를 5코 뜹니다. (5코)
10~18단	[기둥코, 짧은뜨기 5코]로 아홉 단을 뜹니다. (5코)
19단	기둥코를 만든 다음, 코줄임 1코, 짧은뜨기 1코, 코줄임 1코를 뜹니다. (3코)
20단	기둥코를 만든 다음 짧은뜨기 3코를 뜹니다. (3코)

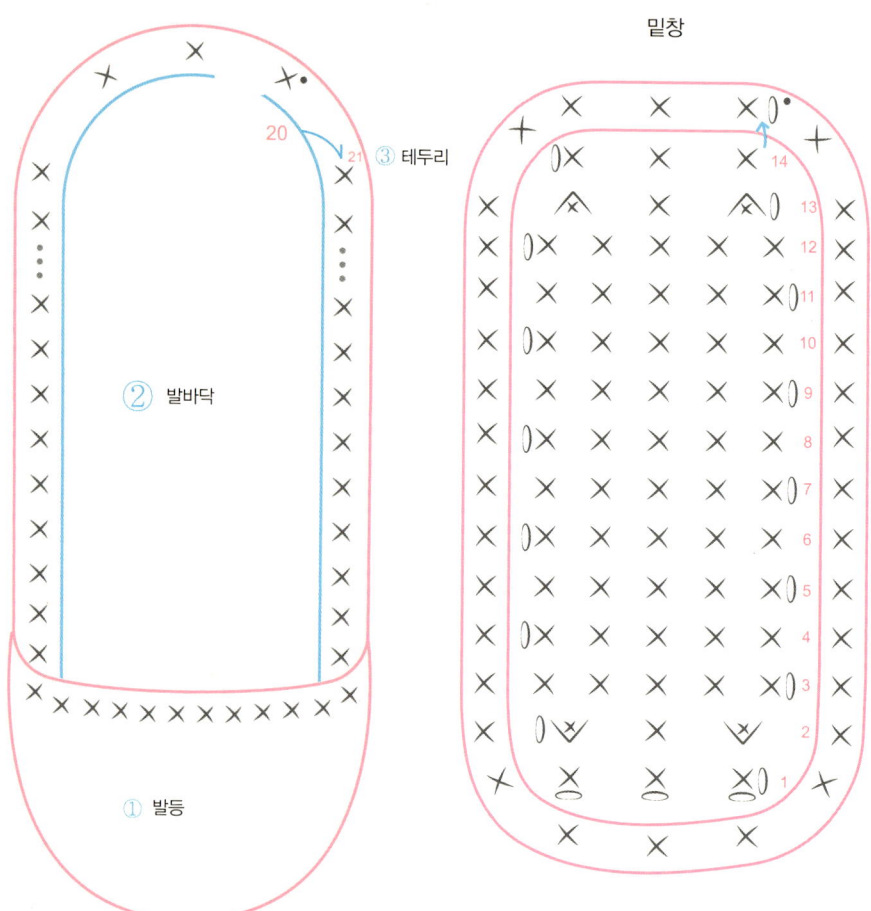

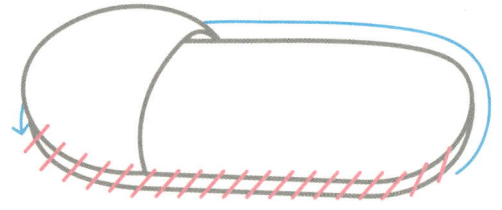

돗바늘을 이용해 밑창을 슬리퍼와 연결시킵니다.

테두리

21단 발바닥 부분 20단에 이어서 도안과 같이 빙 둘러 짧은뜨기를 합니다. 빼뜨기 후 실을 정리해서 마무리합니다.

밑창

베이스 A실을 사용해서 사슬뜨기로 3코를 만듭니다.

1단 기둥코를 만든 다음 각 사슬에 짧은뜨기를 합니다. (3코)

2단 기둥코를 만든 다음 코늘림 1코, 짧은뜨기 1코, 코늘림 1코를 뜹니다. (5코)

3~12단 기둥코를 만든 다음 각 코에 짧은뜨기를 하며 열 단을 뜹니다. (5코)

13단 기둥코를 만든 다음 코줄임 1코, 짧은뜨기 1코, 코줄임 1코를 뜹니다. (3코)

14단 기둥코를 만든 다음 짧은뜨기로 한 단을 뜹니다. (3코)

테두리 14단에 이어서 기둥코를 만든 다음 도안과 같이 빙 둘러 짧은뜨기를 합니다. 빼뜨기 후 실을 정리해서 마무리합니다.

연결

완성한 밑창을 돗바늘을 이용해서 발바닥 부분 밑에 붙여줍니다. 밑창 대신 도톰한 미끄럼방지 펠트를 바닥에 덧대는 것도 좋습니다.

스퀘어 방석

원형뜨기로 시작해서 사슬뜨기로 모서리를 만들어주면 사각형 방석을 만들 수 있습니다. 실이 굵으니 여섯 단만 뜨면 단번에 방석이 완성됩니다.

준비 도구

바늘 코바늘 10mm, 돗바늘
실 겨자색 110m(A), 스킨베이지색 65m(B)
주요 기법 한길긴뜨기 p.21, 짧은뜨기 p.16, 짧은피코뜨기 p.29

가로 35cm
세로 35cm
7 G

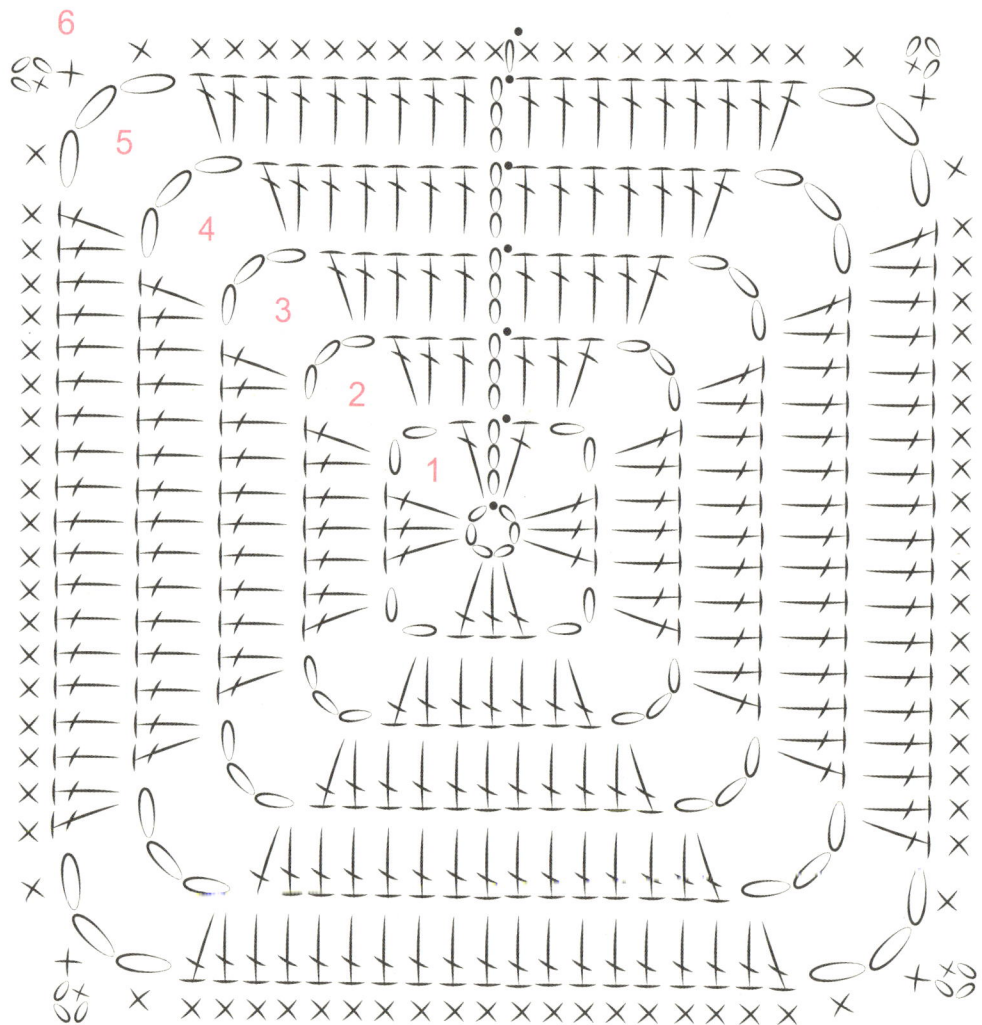

뜨개방법과 순서

베이스 A실을 사용해서 사슬뜨기로 6코를 만듭니다. 첫 사슬코에 빼뜨기를 해서 원형틀을 만듭니다.

1단 사슬 3코로 기둥코를 만든 다음 사슬 기초 코를 감싸며 한길긴뜨기 1코를 뜨고, [사슬뜨기 2코, 한길긴뜨기 3코]를 3회 반복합니다. 그리고 다시 사슬뜨기 2코, 한길긴뜨기 1코를 뜹니다. (20코)

2단 첫 코에 빼뜨기를 하고 사슬 3코로 기둥코를 만든 다음 한길긴뜨기 3코를 뜨고, [사슬뜨기 3코, 한길긴뜨기 7코]를 3회 반복합니다. 그리고 다시 사슬뜨기 3코, 한길긴뜨기 3코를 뜹니다. 2단부터는 도안을 참고하여 한길긴뜨기를 정확한 위치에 작업하세요.

3단 B실로 바꿔서 첫 코에 빼뜨기를 하고 사슬 3코로 기둥코를 만듭니다. 한길긴뜨기 5코를 뜨고, [사슬뜨기 3코, 한길긴뜨기 11코]를 3회 반복합니다. 그리고 다시 사슬뜨기 3코, 한길긴뜨기 5코를 뜹니다.

4단 첫 코에 빼뜨기를 하고 사슬 3코로 기둥코를 만든 다음 한길긴뜨기 7코를 뜨고, [사슬뜨기 3코, 한길긴뜨기 15코]를 3회 반복합니다. 그리고 다시 사슬뜨기 3코, 한길긴뜨기 7코를 뜹니다.

5단 A실로 바꿔서 첫 코에 빼뜨기를 하고 사슬 3코로 기둥코를 만듭니다. 한길긴뜨기 9코를 뜨고, [사슬뜨기 3코, 한길긴뜨기 19코]를 3회 반복합니다. 그리고 다시 사슬뜨기 3코, 한길긴뜨기 9코를 뜹니다.

6단 첫 코에 빼뜨기를 하고 기둥코를 만듭니다. 짧은뜨기 12코, 짧은피코뜨기 1코를 뜬 다음, [짧은뜨기 22코, 짧은피코뜨기 1코]를 3회 반복합니다. 그리고 짧은뜨기 10코를 뜨고 빼뜨기 후 실을 정리해서 마무리합니다.

클로버 방석

클로버 모티프 네 개를 연결하면 완성입니다. 모티프 개수를 좀 더 늘려서 크게 만들면 매트나 러그로 쓸 수도 있어요. 클로버 무늬를 잘 보고 만들어보세요.

준비 도구

바늘 코바늘 10㎜, 돗바늘
실 초록색 70m(A), 스킨베이지색 110m(B)
주요 기법 한길긴뜨기p.21, 두길긴뜨기p.22, 짧은뜨기p.16

가로 35cm
세로 35cm

7
7 G

사슬을 감싸며 작업합니다.
(짧은뜨기 1회, 코줄임 1회,
짧은뜨기 1회)
단, 코줄임은 두 모티프에
걸쳐 작업합니다.

2단 과정사진

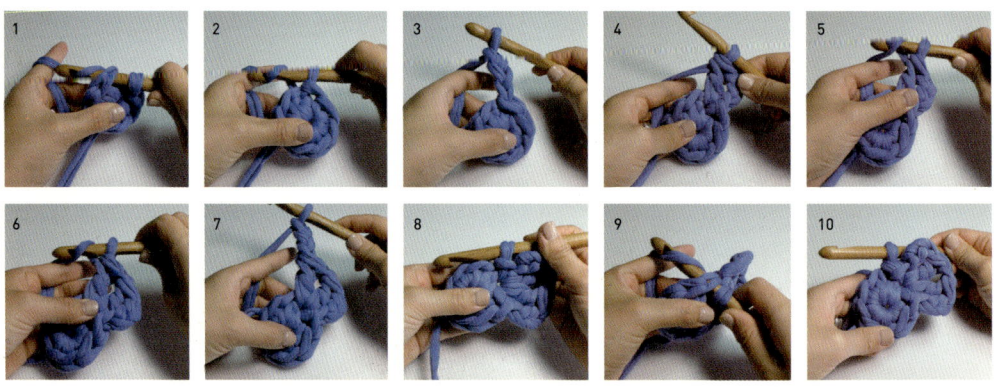

뜨개방법과 순서

모티프

1단 A실로 원형코를 만들어 기둥 사슬코 1개를 만들고 짧은뜨기를 8코 뜹니다.

2단
1. 첫 코에 빼뜨기를 합니다.
2. 사슬코를 3개 만듭니다.
3. 사슬을 만든 모양입니다.
4. 1번에서 빼뜨기한 첫 코에 한길긴뜨기를 1코 뜹니다.
5. 사슬코를 1개 만듭니다.
6. 한길긴뜨기 1코를 다시 첫 코에 뜹니다.
7. 사슬코를 3개 만듭니다.
8. 첫 코에 빼뜨기를 합니다.
9. 두 번째 코에 빼뜨기를 합니다.
10. 첫 코와 두 번째 코에 도안과 같이 작업한 모양입니다.

다시 1번에서 10번까지를 3회 더 반복해서 2단을 완성합니다.

3단 B실로 시작해 도안과 같이 사슬코에 빼뜨기를 하고 기둥을 만들고 짧은뜨기를 합니다. 〔사슬 두 개를 만들고 두길긴뜨기 1코를 1단의 짧은뜨기에 합니다. 이어서 사슬코를 2개 만들고 짧은뜨기 1코, 사슬뜨기 2코, 짧은뜨기 1코〕를 도안을 참고하여 3회 반복합니다. 그리고 사슬뜨기 2코, 두길긴뜨기 1코, 사슬뜨기 2코, 짧은뜨기 1코, 사슬뜨기 2코를 뜹니다.

4단 첫 코에 빼뜨기를 하고 기둥코를 만듭니다. 짧은뜨기 3코를 뜹니다. 〔사슬뜨기 1코, 짧은뜨기 4코, 사슬뜨기 2코, 짧은뜨기 4코〕를 3회 반복합니다. 그리고 사슬뜨기 1코, 짧은뜨기 4코, 사슬뜨기 2코, 짧은뜨기 1코를 뜨고 빼뜨기 후 마무리합니다.

연결

모티프 4개를 만들고 그림과 같이 돗바늘로 꿰매어 연결합니다.
그리고 도안과 같이 테두리에 짧은뜨기를 해서 마무리합니다.

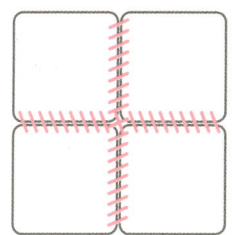

원형 러그

발에 닿는 느낌이 좋은 러그입니다. 겨울에도 좋지만 여름에 깔아도 부담스럽지 않아요. 먼지가 날리지도 않고 속 시원하게 물세탁도 할 수 있습니다.

준비 도구

바늘 코바늘 12㎜, 돗바늘
실 베이지색 300m(A), 패턴 130m(B)
주요 기법 한길긴뜨기 p.21

 지름 78cm   7 **G** 6

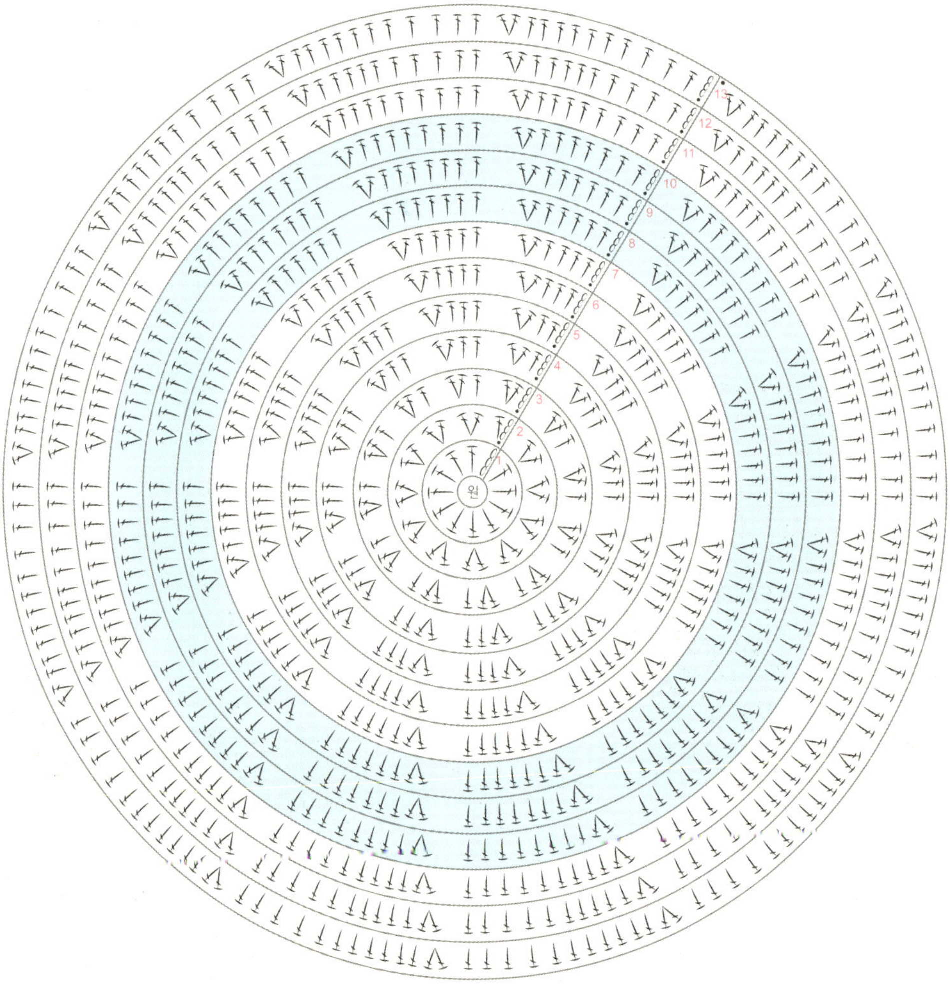

뜨개방법과 순서

1단   A실로 원형코를 만들고 사슬 3개로 기둥코를 만든 다음, 한길긴뜨기로 11코를 뜹니다. (12코)

2단   빼뜨기 후 사슬 3개로 기둥코를 만든 다음 기둥코를 만든 코에 한길긴뜨기 1코를 뜹니다. 다음 코부터 각 코에 한길긴뜨기로 코늘림을 합니다. (24코)

3~13단   도안과 같이 해당 자리에서 코늘림을 하면서 열한 단을 뜹니다. 8~10단은 B실로 뜹니다. 빼뜨기 후 실을 정리해서 마무리합니다. (각 단마다 12코씩 늘어나서 13단에서 156코)

육각형 러그

거실에 깔아둘 만한 시원한 느낌의 대형 러그입니다. 모던한 육각 디자인으로 원하는 색상으로 배색해 만들어보세요. 크기가 크지만 굵은 패브릭얀으로 만들면 하루이틀 만에 완성할 수 있습니다.

준비 도구

바늘 코바늘 12㎜, 돗바늘
실 하늘색 380m(A), 연한 베이지색 380m(B)
주요 기법 한길긴뜨기 p.21

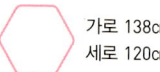 가로 138cm
세로 120cm

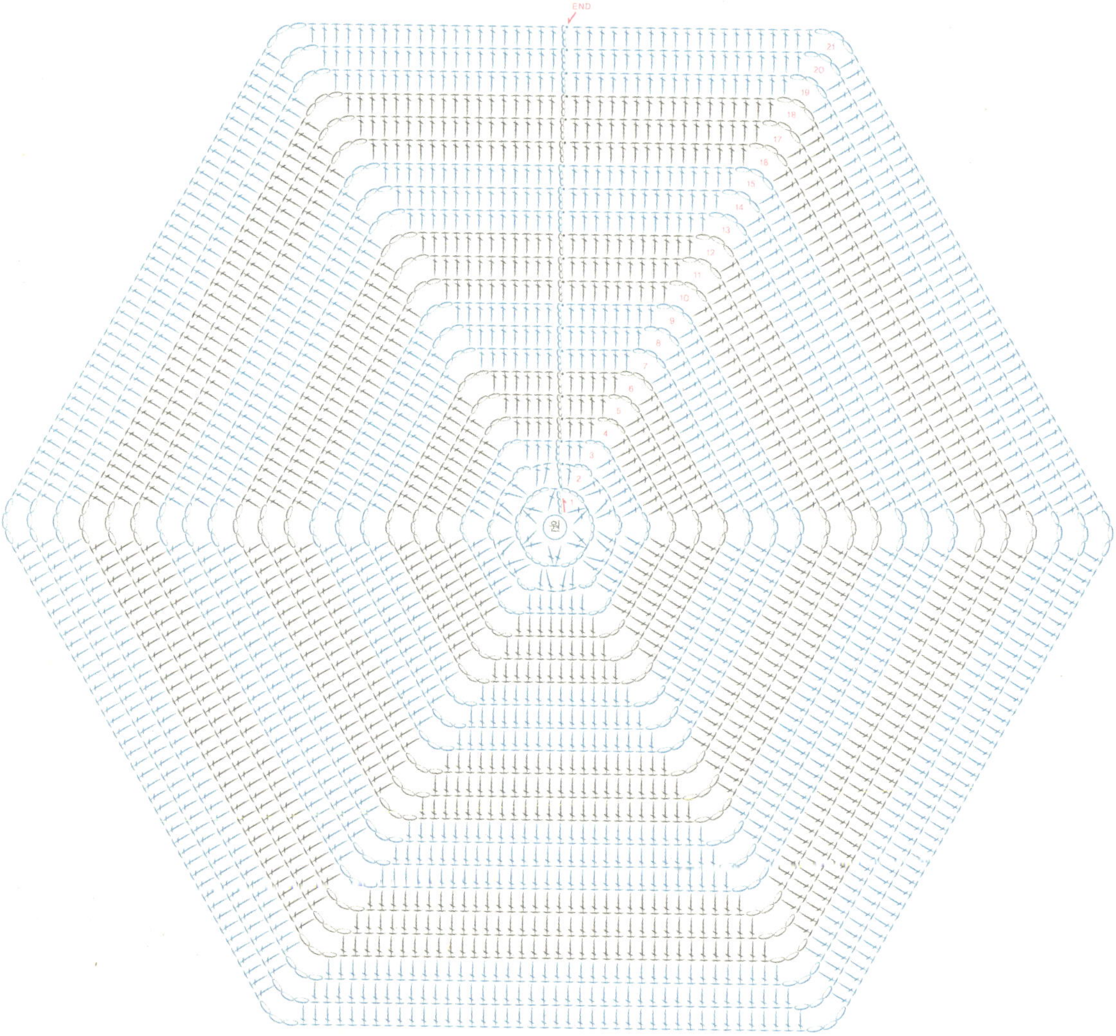

뜨개방법과 순서

1단 A실로 원형코를 만들고 사슬 3개로 기둥코를 만든 다음 한길긴뜨기 1코를 뜨고, (사슬뜨기 3코, 한길 긴 2코 모아뜨기 1코)를 5회 반복합니다. 그리고 다시 사슬뜨기 3코를 뜹니다.

TIP : 한길 긴 2코 모아뜨기는 미완성의 한길긴뜨기 2코를 모아서 한 번에 뜨는 것입니다.
미완성의 한길긴뜨기는 33쪽 구슬뜨기 방법을 참고하세요.

2~21단 도안과 같이 해당 자리에서 한길긴뜨기와 사슬뜨기를 하며 스무 단을 뜹니다. 세 단마다 실 색깔을 바꿔줍니다. (3단부터 각 단에 12코씩 늘어나서 21단에서 270코)

원형 레이스 러그

레이스 무늬라 사랑스럽고 예쁜 느낌을 주는 아이템입니다. 좁은 공간에도 깔아놓을 수 있는 크기라 실용적이에요. 저는 집에 있는 개 두 마리 때문에 짙은 색으로 만들었지만 흰색과 베이지색으로 만들면 레이스 무늬가 더 돋보일 것 같습니다.

준비 도구

바늘 코바늘 12㎜, 돗바늘
실 빨간색 140m(A), 회색 140m(B)
주요 기법 한길긴뜨기 p.21, 짧은뜨기 p.16, 한갈 긴 3코 구슬뜨기 p.33

지름 75cm 7 **G** 6

뜨개방법과 순서

베이스   A실로 사슬코 6개를 만들어 첫 코에 빼뜨기를 하여 원형틀을 만듭니다.

1단   사슬코 4개를 만든 다음, 〔한길긴뜨기 1코, 사슬뜨기 1코〕를 11회 반복합니다. 첫 코에 빼뜨기를 합니다.

2단   첫 코에 빼뜨기를 하고 사슬코를 포함하는 한길 긴 3코 구슬뜨기를 1코 뜹니다. 〔사슬뜨기 3코, 한길 긴 3코 구슬뜨기 1코〕를 11회 반복합니다. 사슬코 3개를 만듭니다.

3~5단   B실로 바꿔서 첫 코에 빼뜨기를 한 다음 도안과 같이 짧은뜨기 1코와 사슬뜨기 3코가 반복되는 그물망뜨기를 작업합니다.

6단   A실로 바꿔서, 빼뜨기 후 사슬코 3개를 만들고 한길긴뜨기로 2코를 뜹니다. 〔사슬뜨기 1코, 한길긴뜨기 3코〕를 23회 반복합니다. 사슬코 1개를 만들고 첫 코에 빼뜨기를 합니다.

7단   기둥코(사슬뜨기 1코)를 만들고 짧은뜨기로 1코를 뜹니다. (살짝 틀어서 도안에 표시된 사슬코 위에 작업하세요.) 〔사슬뜨기 4코, 짧은뜨기 1코〕를 23회 반복합니다. 사슬코 1개를 만들고 첫 코에 빼뜨기를 합니다.

8단   빼뜨기 3코(시작 위치를 옮기기 위해 하는 작업), 사슬뜨기 3코를 포함하는 한길 긴 4코 모아뜨기 1회, 그리고 〔사슬뜨기 5코, 한길 긴 4코 모아뜨기 1코〕를 23회 반복합니다. 사슬코 5개를 만든 다음 첫 코에 빼뜨기를 합니다.

TIP : 한길 긴 4코 모아뜨기는 미완성의 한길긴뜨기를 각 코에 작업한 다음 모아서 한 번에 뜨는 것입니다. 미완성의 한길긴뜨기는 33쪽 구슬뜨기 방법을 참고하세요.

9단   빼뜨기, 사슬뜨기 3코, 한길긴뜨기 4코를 뜹니다. 〔사슬뜨기 1코, 한길긴뜨기 5코〕를 23회 반복합니다. 사슬코 1개를 만듭니다.

10~13단   A실로 첫 코에 빼뜨기를 하고 기둥코를 만든 다음 짧은뜨기 1코와, 사슬뜨기 3코가 반복되는 그물망뜨기로 네 단을 작업합니다. 빼뜨기 후 실을 정리해서 마무리합니다.

푸프

푸프(pouf)는 니트스툴이나 스툴쿠션이라고도 하는 서양식 방석이에요. 요즘 인테리어 아이템으로 무척 인기가 좋습니다. 스툴로, 쿠션으로, 간단한 티테이블로 쓰임새도 다양하고, 어디에 두어도 자연스럽게 어울리는 아이템입니다. 만드는 것도 생각보다 어렵지 않으니 한번 도전해보세요.

준비 도구

바늘 대바늘 15mm, 돗바늘
실 아이보리색 260m(소형), 파란색 450m(대형)
기타 소형은 40×40cm 원형쿠션 2개, 대형은 50×50cm 원형쿠션 2개
주요 기법 겉뜨기 p.35, 경사뜨기 p.38

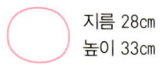 지름 28cm
높이 33cm

소형 푸프

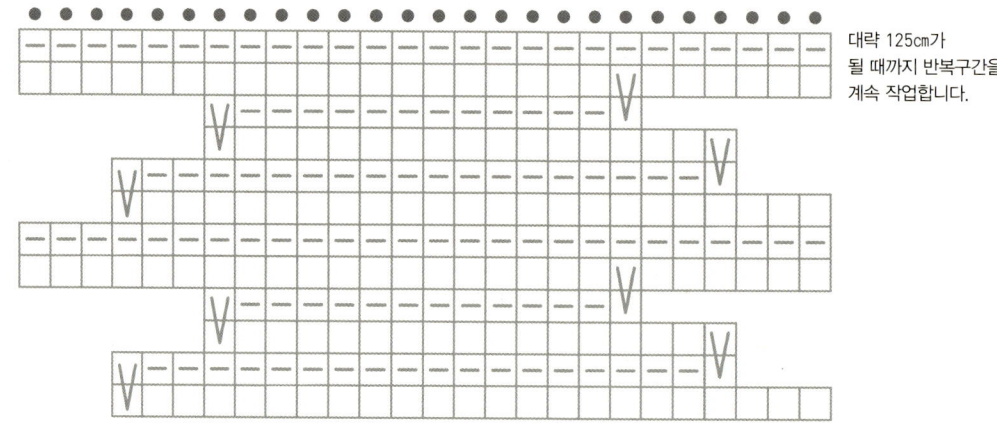

대략 125cm가
될 때까지 반복구간을
계속 작업합니다.

(생략)

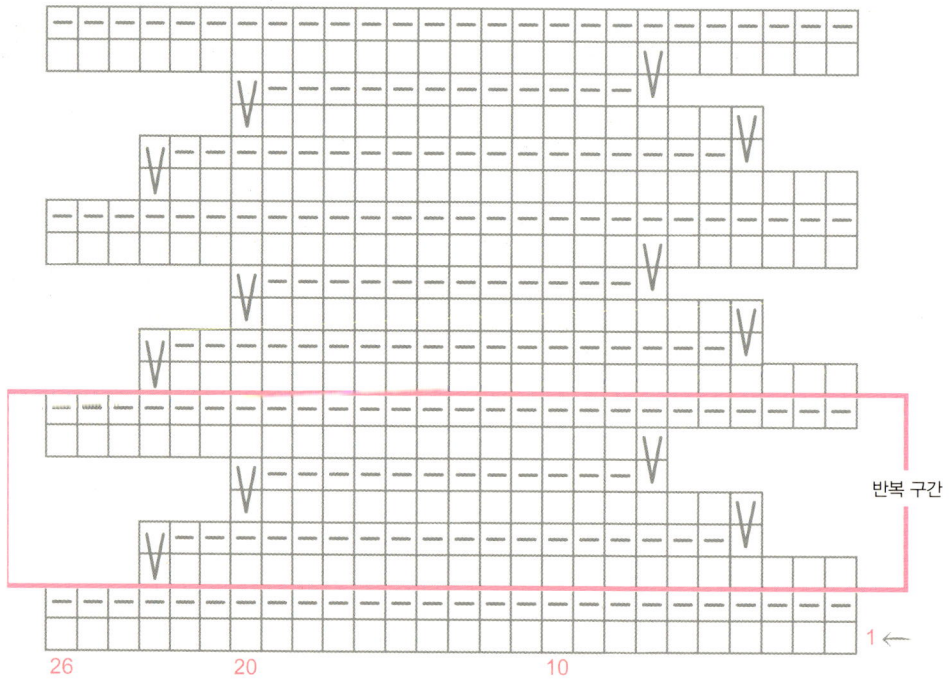

반복 구간

소형 푸프 : 뜨개방법과 순서

베이스	26코를 만듭니다.
1~2단	겉뜨기를 해서 두 단을 뜹니다. (가터뜨기)
3단	3코가 남을 때까지 겉뜨기를 하고 편물과 바늘을 뒤집습니다.
4단	실을 뒤쪽으로 보낸 상태에서 왼쪽 바늘의 첫 코를 걸러뜨기 하고, 다시 3코가 남을 때까지 겉뜨기를 합니다.
5단	편물과 바늘을 뒤집고, 실을 뒤쪽을 보낸 상태에서 첫 코를 걸러뜨기 한 후, 6코가 남을 때까지 겉뜨기를 합니다.
6단	편물과 바늘을 뒤집고, 실을 뒤쪽을 보낸 상태에서 첫 코를 걸러뜨기한 후, 6코가 남을 때까지 겉뜨기를 합니다.
7단	편물과 바늘을 뒤집고, 실을 뒤쪽을 보낸 상태에서 첫 코를 걸러뜨기 한 후, 끝 코까지 겉뜨기를 합니다.
8단	첫 코부터 끝 코까지 겉뜨기를 합니다.

연결

1	3~8단까지 뜬 방법을 편물의 세로 길이가 125㎝가 될 때까지 반복합니다.
2	시작 단과 끝단을 돗바늘을 이용해 연결합니다.
3	옆면의 코를 한 코씩 건너뛰며 코를 잡아당겨 조입니다

조이기

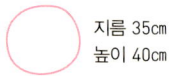 지름 35cm
높이 40cm

 9 G 8

대형 푸프

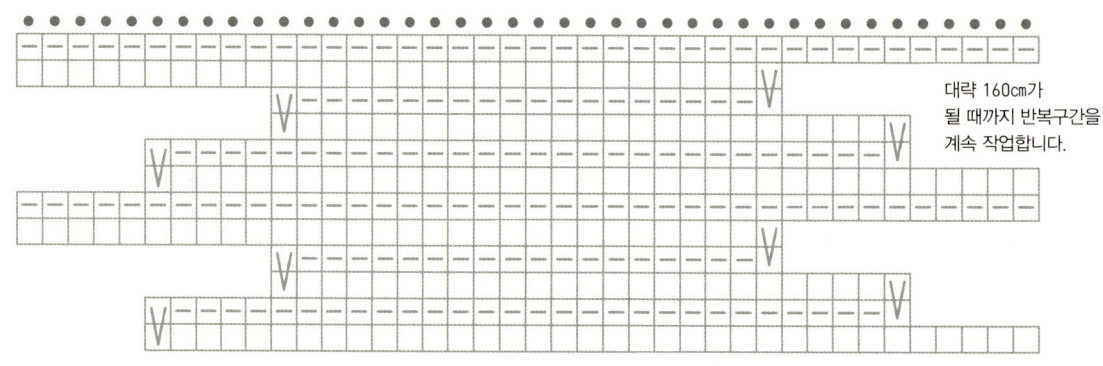

대략 160cm가
될 때까지 반복구간을
계속 작업합니다.

∙
∙ (생략)
∙

반복 구간

40　　30　　20　　10　　1 ←

대형 푸프 : 뜨개방법과 순서

베이스   40코를 만듭니다.
1~2단   겉뜨기를 해서 두 단을 뜹니다. (가터뜨기)
3단   5코가 남을 때까지 겉뜨기를 하고 편물과 바늘을 뒤집습니다.
4단   실을 뒤쪽으로 보낸 상태에서 왼쪽 바늘의 첫 코를 걸러뜨기 하고, 다시 5코가 남을 때까지 겉뜨기를 합니다.
5단   편물과 바늘을 뒤집고, 실을 뒤쪽을 보낸 상태에서 첫 코를 걸러뜨기 한 후, 10코가 남을 때까지 겉뜨기를 합니다.
6단   편물과 바늘을 뒤집고, 실을 뒤쪽을 보낸 상태에서 첫 코를 걸러뜨기 한 후, 10코가 남을 때까지 겉뜨기를 합니다.
7단   편물과 바늘을 뒤집고, 실을 뒤쪽을 보낸 상태에서 첫 코를 걸러뜨기 한 후, 끝 코까지 겉뜨기를 합니다.
8단   첫 코부터 끝 코까지 겉뜨기를 합니다.

연결

1   3~8단까지 뜬 방법을 편물의 세로 길이가 160cm가 될 때까지 반복합니다.
2   시작 단과 끝단을 돗바늘을 이용해 연결합니다.
3   옆면의 코를 한 코씩 건너뛰며 코를 잡아당겨 조입니다.

조이기

레이스 전등갓

식탁 위 조명에 씌워주면 간단하게 주방 분위기를 바꿀 수 있는 손뜨개 전등갓입니다. 귀여운 느낌을 주며, 한 개보다는 두세 개 같이 달아주면 더 예뻐요.

준비 도구

바늘 코바늘 8mm, 돗바늘
실 연분홍색 90m (두께 2cm)
기타 볼전구, 전구소켓 (가로 8cm, 세로 14cm)
주요 기법 짧은뜨기p.16, 코늘림p.19, 한길 긴 5코 늘려뜨기p.32

가로 15cm
세로 19cm

B부분

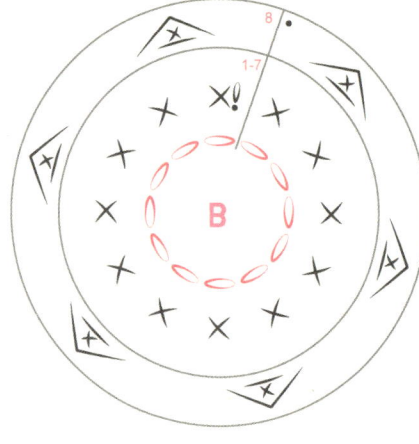

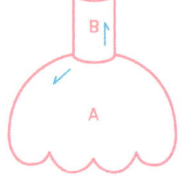

A부분

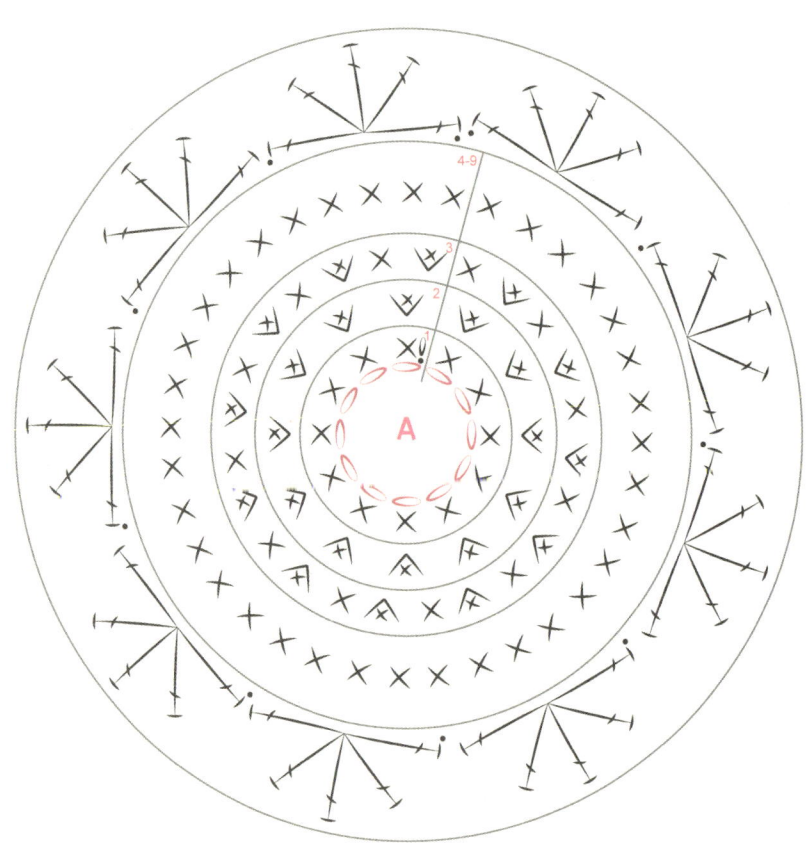

뜨개방법과 순서

A부분

베이스	사슬코 12개를 만들어 첫 코에 빼뜨기를 하여 원형틀을 만듭니다.
1단	기둥코를 만들고 각 코에 짧은뜨기를 합니다. (12코)
2단	각 코에 코늘림을 합니다. (24코)
3단	[코늘림 1코, 짧은뜨기 1코]를 12회 반복합니다. (36코)
4~9단	각 코에 짧은뜨기를 해서 여섯 단을 뜹니다. (36코)
10단	한길 긴 5코 늘려뜨기를 9회 반복합니다. 빼뜨기 후 실을 정리해서 마무리합니다.

B부분

1~7단	A의 시작 부분 사슬코에 빼뜨기를 하고 기둥코를 만든 후 각 코에 짧은뜨기를 해서 일곱 단을 뜹니다. (12코)
8단	2코 모아 이랑뜨기를 6회 반복합니다.

펫하우스와 뼈다귀 장난감

패브릭얀으로 강아지나 고양이를 위한 아늑한 집과 장난감도 만들 수 있습니다. 완성되자마자 달려와 쏙 들어가네요. 뼈다귀 모양 장난감도 정말 좋아합니다.

펫하우스 : 준비도구

바늘 코바늘 15㎜, 돗바늘
실 분홍색 500m(A), 초록색 3m(B)
기타 철사 옷걸이, 마스킹테이프
주요 기법 짧은뜨기p.16, 코줄임p.20, 3코 모아 짧은뜨기p.30

뼈다귀 장난감 : 준비도구

바늘 코바늘 8~10㎜, 돗바늘
실 회색 20~30m (연두색 20~30m)
기타 솜이나 재활용 원단, 지퍼백이나 작은 비닐봉투
주요 기법 짧은뜨기p.16, 코줄임p.20

가로 55cm
세로 55cm

바닥면

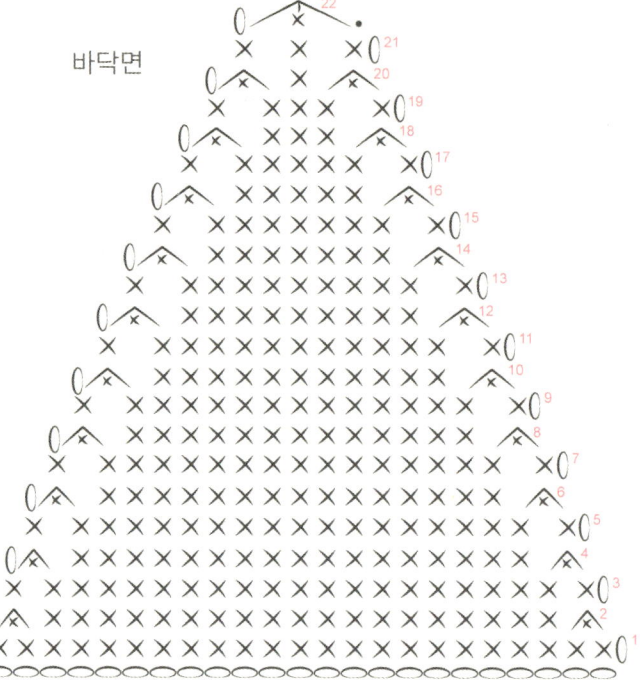

옆면×2

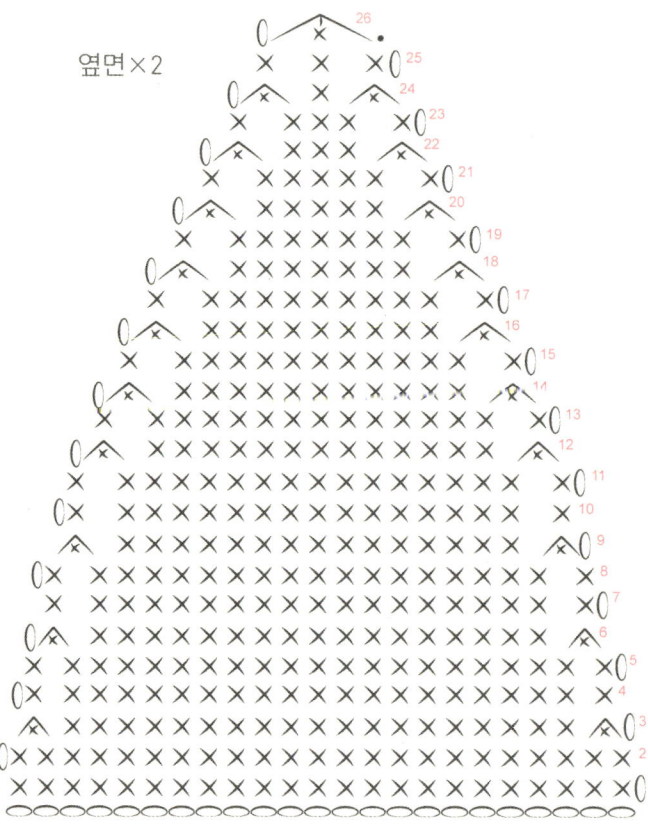

펫하우스 : 뜨개방법과 순서

바닥면

베이스	A실을 사용해서 사슬뜨기로 23코를 만듭니다.
1단	기둥코를 만든 다음 각 사슬에 짧은뜨기를 합니다. (23코)
2단	기둥코를 만든 다음 도안과 같이 해당 자리에서 코줄임을 하면서 한 단을 뜹니다. (21코)
3~20단	1~2단과 같은 방법을 반복해서 코줄임을 하면서 20단까지 뜹니다. (각 짝수 단에서 2코씩 줄어듦)
21단	기둥코를 만든 다음 각 코에 짧은뜨기를 합니다. (3코)
22단	기둥코를 만들고 3코 모아 짧은뜨기를 한 다음 빼뜨기를 하고 연결할 실을 50㎝ 이상 남긴 채 자릅니다.

옆면×2

베이스	A실을 사용해서 사슬뜨기로 23코를 만듭니다.
1~2단	기둥코를 만든 다음 각 코에 짧은뜨기를 합니다. (23코)
3단	기둥코를 만든 다음 도안과 같이 해당 자리에서 코줄임을 하면서 한 단을 뜹니다. (21코)
4~12단	1~3단과 같은 방법을 반복해서 코줄임을 하면서 12단까지 뜹니다. (6, 9, 12단에서 2코씩 줄어듦)
13단	기둥코를 만든 다음 각 코에 짧은뜨기를 합니다. (15코)
14단	기둥코를 만든 다음 도안과 같이 해당 자리에서 코줄임을 하면서 한 단을 뜹니다. (13코)
15~24단	13~14단과 같은 방법을 반복해서 코줄임을 하면서 24단까지 뜹니다. (짝수 단마다 2코씩 줄어듦)
25단	기둥코를 만든 다음 각 코에 짧은뜨기를 합니다. (3코)
26단	기둥코를 만들고 3코 모아 짧은뜨기를 한 다음 빼뜨기를 하고 연결할 실을 50㎝ 이상 남긴 채 자릅니다.

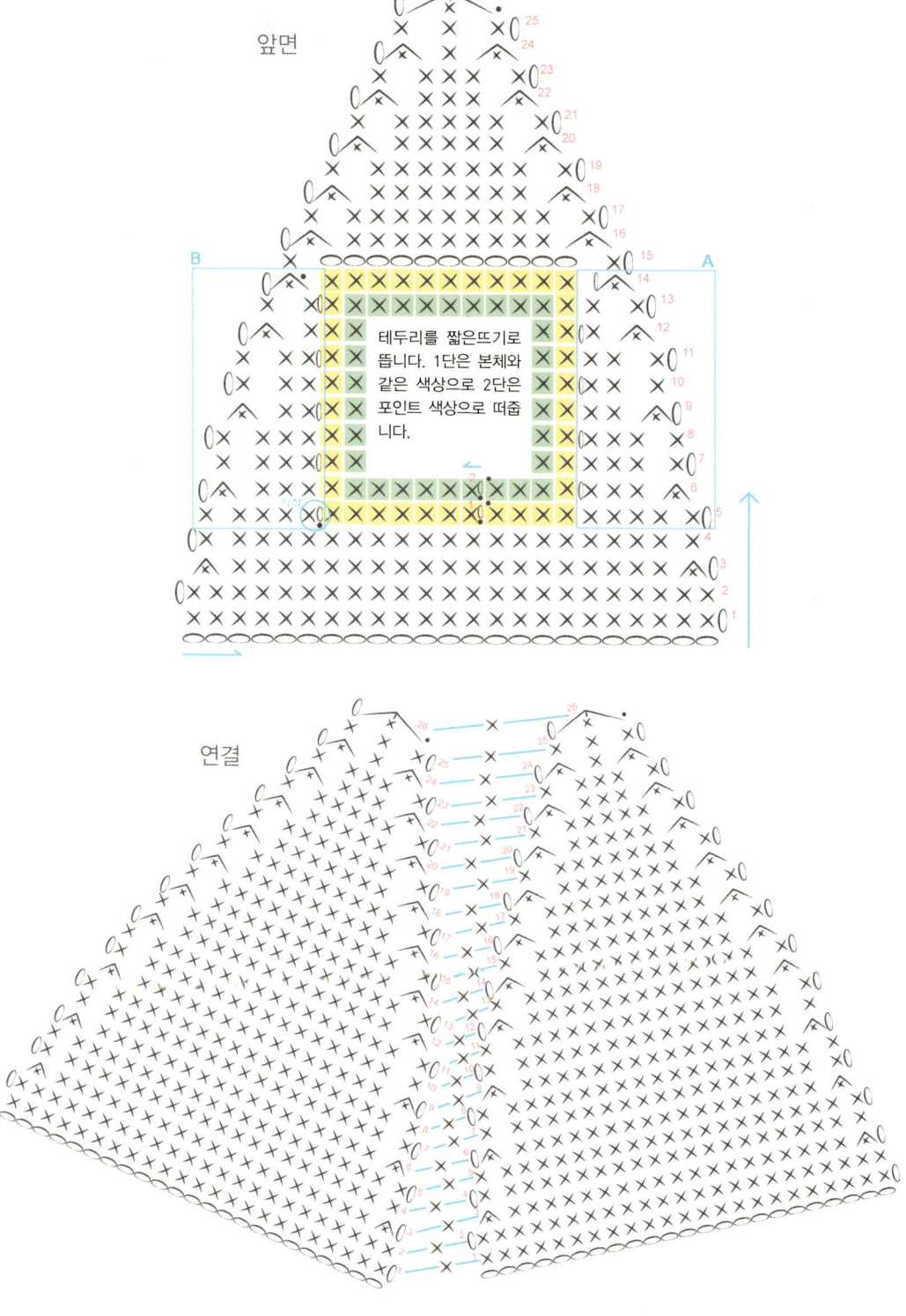

앞면

베이스	A실을 사용해서 사슬뜨기로 23코를 만듭니다.
1~2단	기둥코를 만든 다음 각 코에 짧은뜨기를 합니다. (23코)
3단	기둥코를 만든 다음 도안과 같이 해당 자리에서 코줄임을 하면서 한 단을 뜹니다. (21코)
4단	기둥코를 만든 다음 각 코에 짧은뜨기를 합니다. (21코)
5~14단	A부분을 먼저 도안을 보며 14단까지 뜹니다. (6, 9, 12, 14단에서 1코씩 줄어듦)
5~14단	B부분을 이어서 도안을 보며 A부분과 대칭으로 뜹니다. (6, 9, 12, 14단에서 1코씩 줄어듦) 14단까지 뜨고 빼뜨기 후 실을 정리합니다.
15단	A와 B부분 사이를 짧은뜨기 1코, 사슬뜨기 11코, 짧은뜨기 1코로 연결합니다. (13코)
16단	기둥코를 만든 다음 도안과 같이 해당 자리에서 코줄임을 하면서 한 단을 뜹니다. (11코)
17단	기둥코를 만든 다음 각 코에 짧은뜨기를 합니다. (11코)
18~24단	16~17단과 같은 방법을 반복해서 코줄임을 하면서 24단까지 뜹니다. (짝수 단마다 2코씩 줄어듦)
25단	각 코에 짧은뜨기를 합니다. (3코)
26단	기둥코를 만들고 3코 모아 짧은뜨기를 한 다음 빼뜨기를 하고 연결할 실을 50㎝ 이상 남긴 채 자릅니다.
테두리	구멍의 테두리를 짧은뜨기로 뜹니다. 1단은 본체와 같은 색상으로, 2단은 포인트 색상으로 뜨고 마무리합니다.

연결

도안과 같이 짧은뜨기로 각 부분을 연결하는데, 연결할 때 지지대(철사나 나무)를 넣어 감싸며 짧은뜨기를 합니다. 철사로 된 옷걸이를 사용하면 좋습니다. 두 편물을 겹쳐두고 각 단을 동시에 짧은뜨기를 하며 연결하면 됩니다.
철사를 사용했다면 끝부분을 구부려 마스킹테이프로 안전하게 마무리하세요.

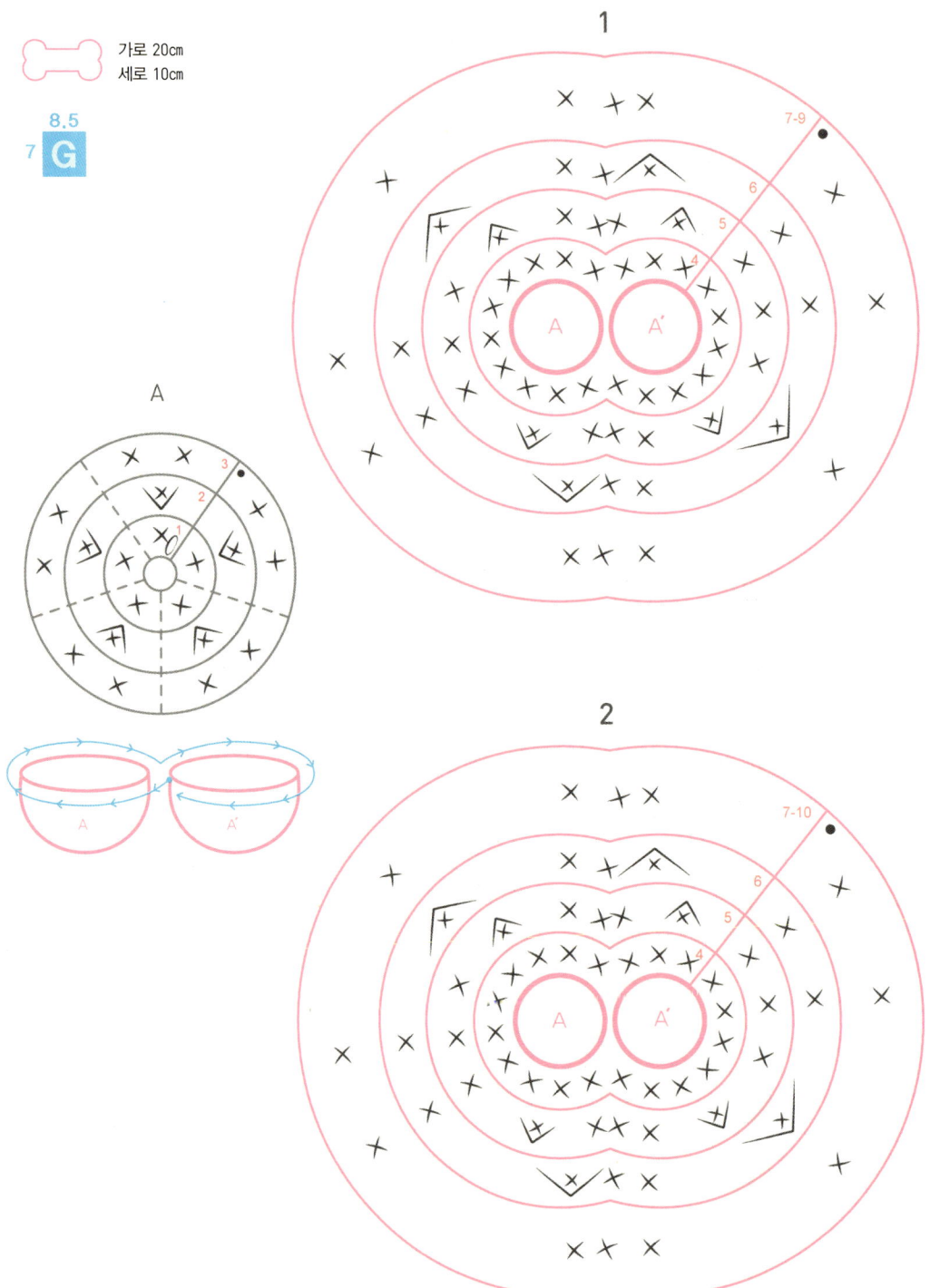

뼈다귀 장난감 : 뜨개방법과 순서

A × 2

1단	원형코를 만들고 기둥코를 만든 다음 짧은뜨기로 5코를 뜹니다. (5코)
2단	각 코에 코늘림을 합니다. (10코)
3단	각 코에 짧은뜨기를 합니다. 빼뜨기 후 실을 정리합니다. (10코)

A′

A와 똑같이 작업하되 마지막에 빼뜨기를 하지 않고 바로 4단으로 연결해서 도안과 같이 이어 뜹니다.

1

4단	A와 A′를 연결하여 짧은뜨기를 합니다. (20코)
5단	[코줄임 1코, 짧은뜨기 3코]를 4회 반복합니다. (16코)
6단	[코줄임 1코, 짧은뜨기 2코]를 4회 반복합니다. (12코)
7~9단	각 코에 짧은뜨기를 합니다. 빼뜨기 후 실을 정리합니다. (12코)

2

4단	A와 A′를 연결하여 짧은뜨기를 합니다. (20코)
5단	[코줄임 1코, 짧은뜨기 3코]를 4회 반복합니다. (16코)
6단	[코줄임 1코, 짧은뜨기 2코]를 4회 반복합니다. (12코)
7~10단	각 코에 짧은뜨기를 합니다. 빼뜨기 후 연결에 사용할 실을 20cm 정도 남겨두고 자릅니다. (12코)

연결

1과 2를 돗바늘을 이용해 연결합니다. 비닐에 솜이나 재활용 원단 등을 넣은 다음 충전재로 사용하세요. 코 사이로 충전재가 빠져나오지 않고 바스락 소리가 나서 장난감으로 좋습니다.

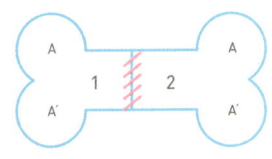

PART 2

패 션 소 품

플립형 클러치백

태블릿 PC를 넣거나 여행가방 속에 작은 소품들을 정리해서 넣을 때, 가까운 곳에 잠시 외출할 때 등 활용도가 높은 클러치입니다. 짧은뜨기만 하면 되니 만들기도 더없이 간단합니다.

준비 도구

바늘 코바늘 12㎜, 돗바늘
실 진한 베이지색 150m(A), 연두색 80m(B)
기타 단추(지름 3㎝)
주요 기법 짧은뜨기|p.16

 가로 30cm, 세로 24cm

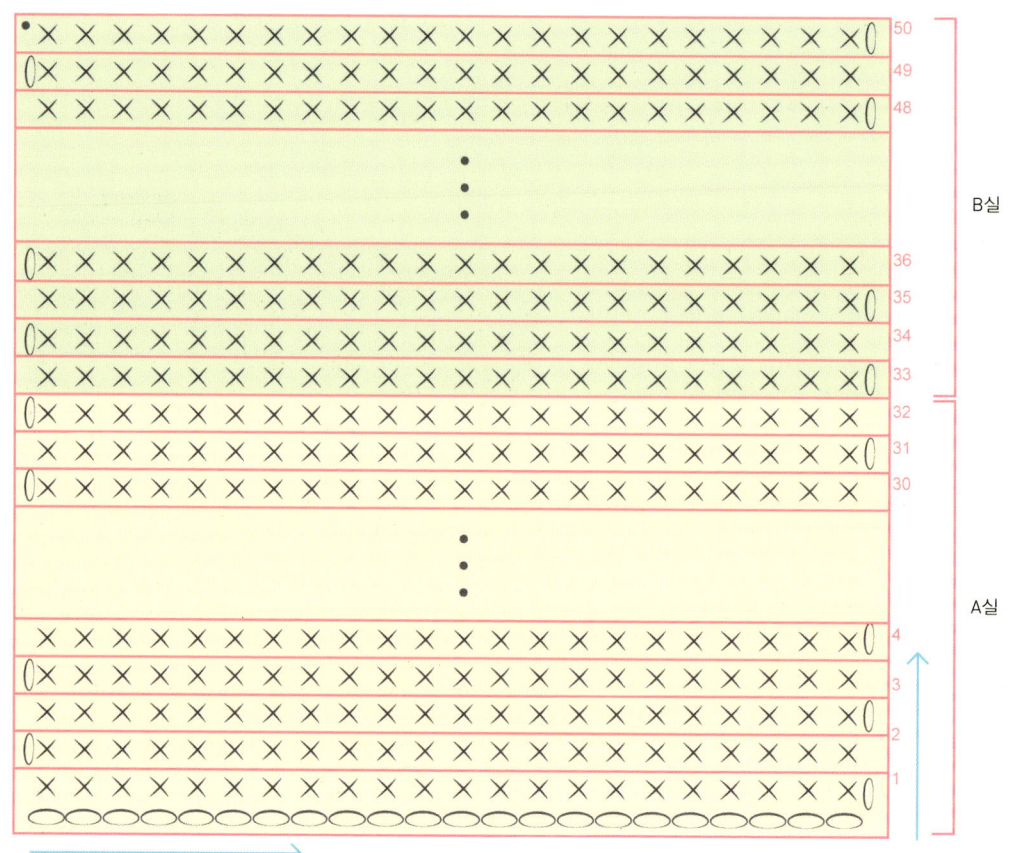

연결하기

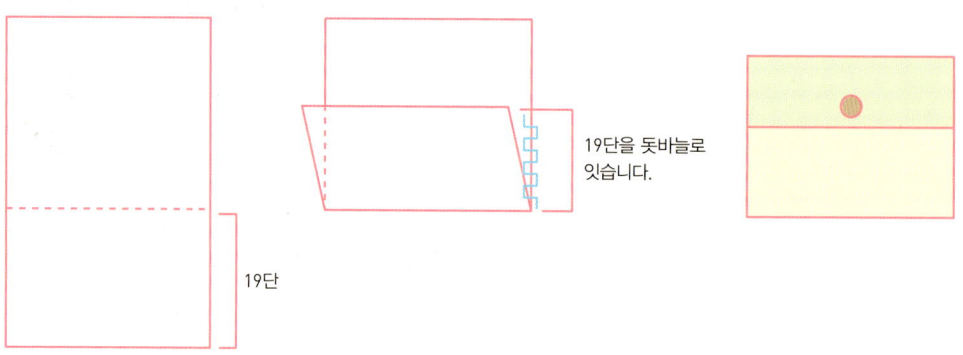

19단을 돗바늘로 잇습니다.

19단

뜨개방법과 순서

베이스 A실로 사슬뜨기를 해서 22코를 만듭니다.
1~32단 기둥코를 만들고 짧은뜨기를 해서 서른두 단을 뜹니다. (22코)
33~50단 B실로 기둥코를 만들고 짧은뜨기를 해서 열여덟 단을 뜹니다. 빼뜨기 후 연결할 실을 30㎝ 정도 남겨두고 자릅니다. (22코)

연결
1 19단 부분을 앞쪽으로 접어놓고, 돗바늘이나 코바늘로 옆 코들을 잇습니다.
2 겉면에 포인트 단추를 달아줍니다. 내부에 자석단추를 달아주면 사용하기에 더 편리합니다.

삼각형 무늬 클러치백

흰색과 검은색으로 배색을 해서 삼각형 무늬를 만든 클러치입니다. 입구에는 지퍼보다 달기도 쉽고 여닫기도 편한 바네를 넣어주었습니다. 배색하는 데 익숙해지면 각자 원하는 모양으로도 도안을 한번 만들어보세요.

준비 도구

바늘 코바늘 8mm, 돗바늘

실 아이보리색 80m(A), 검은색 100m(B) * 배색 도안이기 때문에 폭 2cm 정도의 얇은 패브릭얀이 적당합니다.

기타 바네 25cm

주요 기법 짧은뜨기 p.16, 이랑뜨기 p.23

배색 무늬 도안

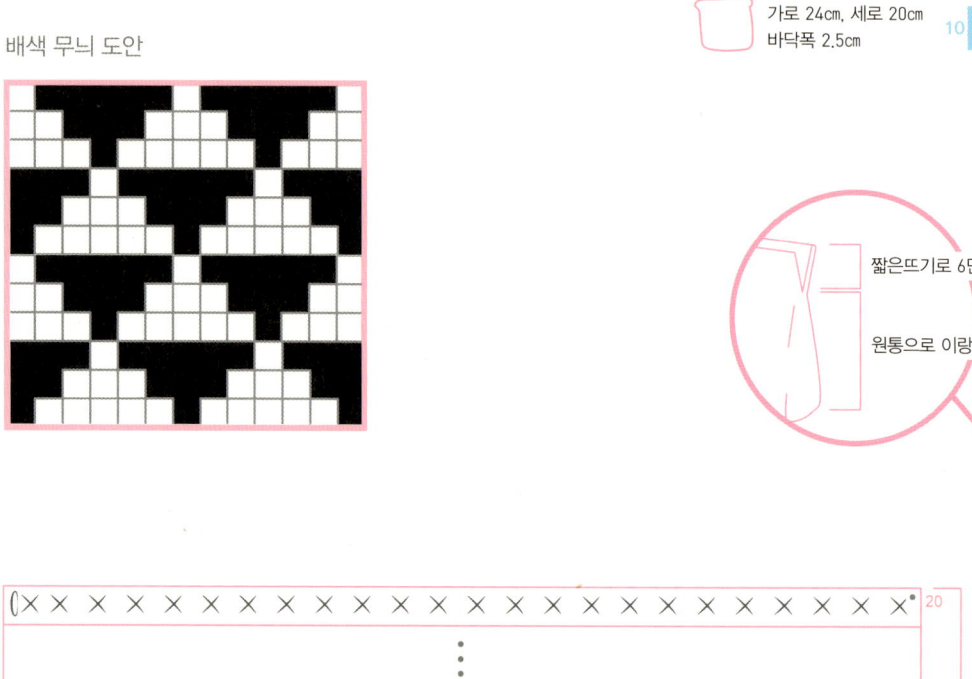

가로 24cm, 세로 20cm
바닥폭 2.5cm

8
10 G

짧은뜨기로 6단 작업

원통으로 이랑뜨기 13단 작업

짧은뜨기로
6단 작업

14단까지는
원통으로 작업하고,
15단부터는 바네를
끼우기 위한
작업으로 도안을
참고해서 평면으로
작업합니다.

원통으로
이랑뜨기
13단 작업

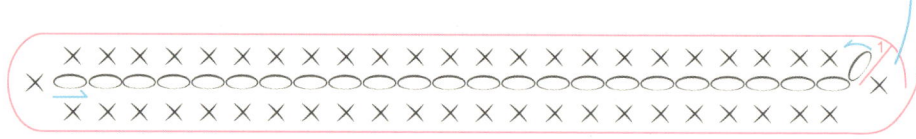

뜨개방법과 순서

베이스 사슬뜨기로 23코를 만듭니다.
1단 기둥코를 만들고 각 사슬에 도안과 같이 빙 둘러 짧은뜨기를 합니다. (48코)
2~14단 배색무늬 도안을 참고해서 이랑뜨기로 열세 단을 뜹니다. (48코)
15~20단 24코씩 나누어 두 면으로 작업합니다. 각 코에 짧은뜨기를 해서 여섯 단을 뜨는데, 바네를 끼우기 위해 도안을 참고하며 평면으로 뜹니다. 빼뜨기 후 접어서 꿰맬 정도의 실 30cm 정도를 남겨두고 자릅니다. (한쪽에 24코씩)

바네 넣기와 태슬 달기

짧은뜨기로 작업된 부분을 클러치의 안쪽 방향으로 접어 돗바늘로 꿰맨 다음, 바네를 넣습니다.

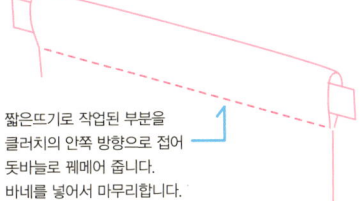

짧은뜨기로 작업된 부분을
클러치의 안쪽 방향으로 접어
돗바늘로 꿰메어 줍니다.
바네를 넣어서 마무리합니다.

태슬 만들기

1 실을 원하는 태슬 길이의 두 배 정도로 여러 개를 자릅니다. 개수는 원하는 태슬 두께의 반 정도가 되도록 조정합니다. 그리고 절반이 되는 부분을 실로 단단히 묶습니다.

2 묶은 부분을 반으로 접은 후, 위에서 3분의 1 정도 되는 부분을 두 번 감아 단단히 묶습니다.

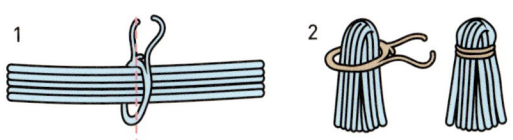

대바늘 클러치백

2코 교차뜨기 뜨개 기법으로 만든 클러치입니다. 뜨는 방법이 재미있고, 코바늘로 만든 작품과는 다른 독특한 느낌이 있습니다. 탄탄하게 만들어져 내부 원단을 따로 하지 않아도 사용하기에 좋습니다.

준비 도구

바늘 대바늘 12㎜, 돗바늘
실 연한 파란색 65m(A), 갈색 65m(B)
기타 지퍼
주요 기법 오른코 위 2코 교차뜨기 p.39, 왼코 위 2코 교차뜨기 p.40

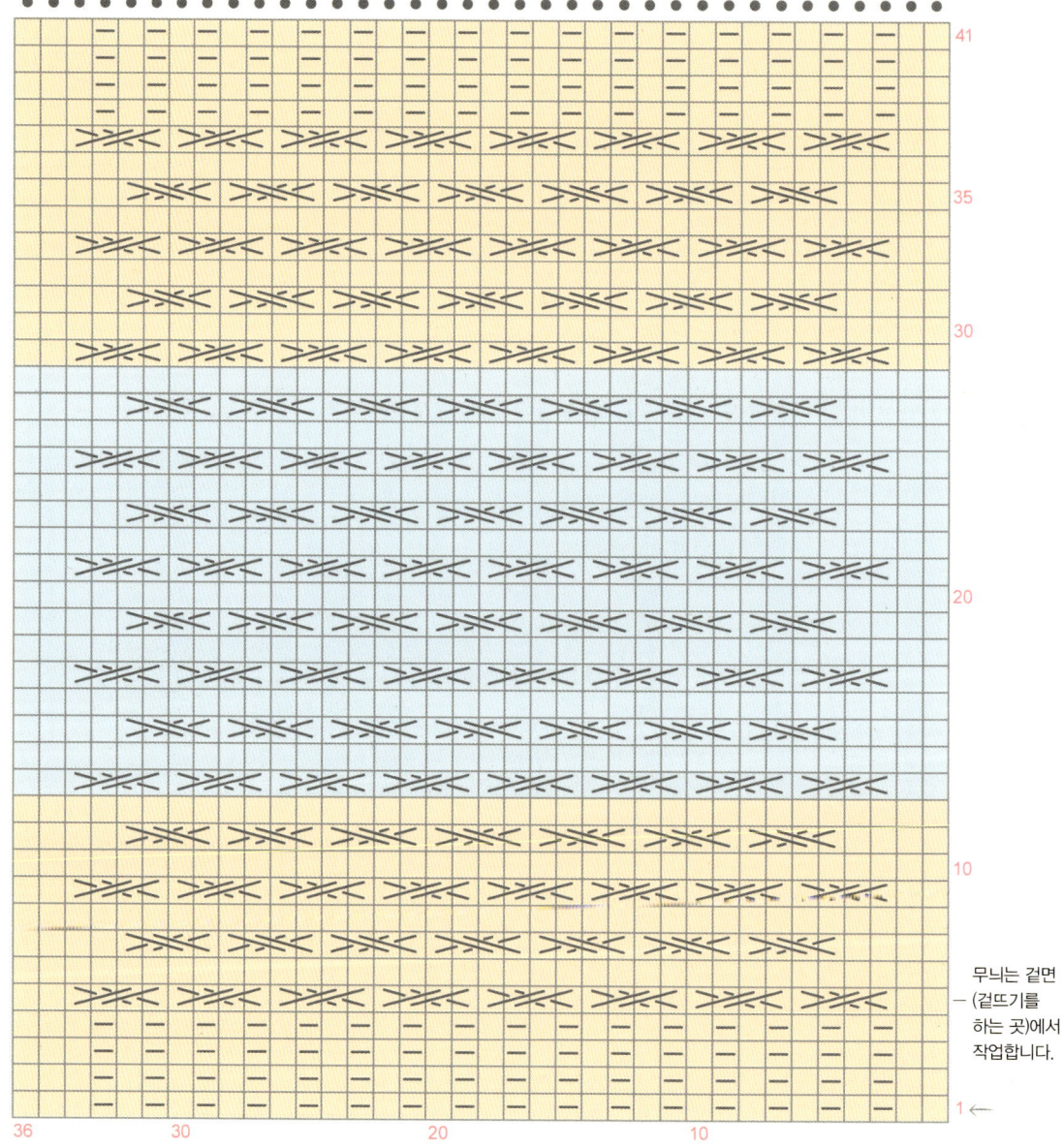

뜨개방법과 순서

베이스 36코를 만듭니다.

1~4단 도안에 따라 겉뜨기와 안뜨기를 반복하면서(한코고무뜨기) 네 단을 뜹니다. (36코)

5~37단 도안에 따라 왼코 위 2코 교차뜨기와 오른코 위 2코 교차뜨기로 무늬를 내며 서른세 단을 뜹니다. (36코)

38~41단 다시 한코 고무뜨기로 네 단을 뜹니다. 돗바늘로 조여서 마무리합니다. (36코)

연결

1 완성한 편물을 반으로 접고 돗바늘과 남은 실을 사용해서 양쪽 옆면을 연결합니다.

2 고무뜨기의 마지막단은 패브릭얀의 특성상 벌어지기가 쉽습니다. 돗바늘과 보조실로 마지막 단을 빙 둘러 통과시켜 사각형이 되도록 모양을 한번 잡아준 다음, 입구 안쪽에 지퍼를 달아줍니다. 지퍼를 단 후에 보조실을 제거합니다.

3 태슬을 만들어 원하는 위치에 달아줍니다.

(태슬 만들기 139쪽 참고)

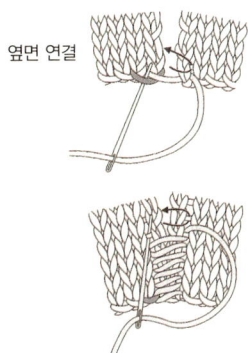

옆면 연결

심플 토트백

여기서는 두 가지 색깔을 썼지만, 원하는 색 한 가지만 써서 더욱 심플하게 만들 수도 있습니다. 각자의 취향에 맞게 다양한 색을 활용해서 만들어보세요.

준비 도구

- 바늘 코바늘 12㎜, 돗바늘
- 실 패턴 100m(A), 초록색 35m(B)
- 주요 기법 짧은뜨기 p.16, 이랑뜨기 p.23

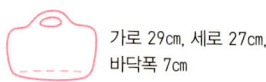 가로 29cm, 세로 27cm, 바닥폭 7cm

뒷면 손잡이도 앞면과 동일

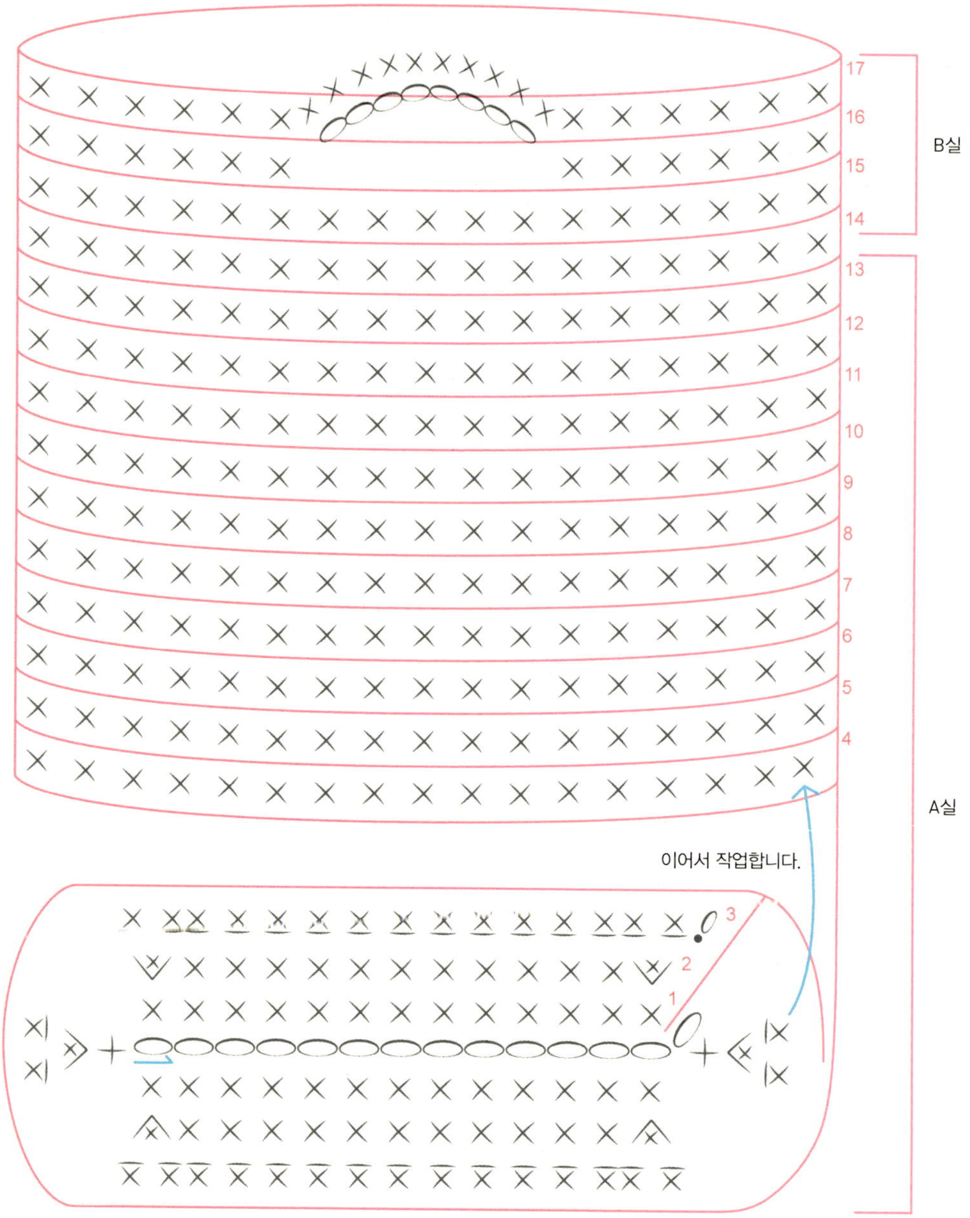

B실

A실

이어서 작업합니다.

뜨개방법과 순서

베이스   A실을 사용해서 사슬뜨기로 13코를 만듭니다.

1단   기둥코를 만들고 각 사슬에 도안과 같이 빙 둘러 짧은뜨기를 합니다. (28코)

2단   도안과 같이 해당 자리에서 코늘림을 하면서 한 단을 뜹니다. (34코)

3단   2단의 첫 코에 빼뜨기를 하고 기둥코를 만든 다음 각 코에 이랑뜨기를 합니다. (34코)

4~13단   각 코에 짧은뜨기를 해서 열 단을 뜹니다. (34코)

14~15단   B실로 바꾸고 짧은뜨기로 두 단을 뜹니다. (34코)

16단   짧은뜨기 6코, 사슬뜨기 8코를 뜬 다음, 5코를 건너뛰고 짧은뜨기 12코, 사슬뜨기 8코를 뜹니다. 다시 5코를 건너뛰고 남은 6코에 짧은뜨기를 합니다. (44코)

17단   짧은뜨기 6코, 16단에서 만든 사슬코를 감싸며 짧은뜨기 10코를 뜬 다음, 이어서 짧은뜨기 12코, 다시 사슬코를 감싸며 짧은뜨기 10코, 남은 6코에 짧은뜨기를 합니다. 빼뜨기 후 실을 정리해서 마무리합니다. (44코)

TIP : 뜨개코의 머리는 다리의 오른쪽 위에 생깁니다. 그래서 원형뜨기로 뜰 때는 단이 오른쪽으로 어긋나게 됩니다. 손잡이 단을 시작할 때 한쪽 모서리가 너무 어긋난다 싶으면 첫 코가 아닌 가방의 한쪽 끝 코를 기준으로 작업합니다.

크로스백

가방끈을 길게 달아 크로스백으로 맬 수 있어 활동성이 좋은 가방입니다. 디자인이 심플해서 패턴실로 만들면 예쁩니다. 단추를 달아 가방끈의 길이를 조절할 수 있게 만들었습니다.

준비 도구

바늘 코바늘 12㎜, 돗바늘
실 패턴 130m
기타 큰 단추
주요 기법 짧은뜨기 p.16, 코늘림 p.19

가로 28cm, 세로 32cm

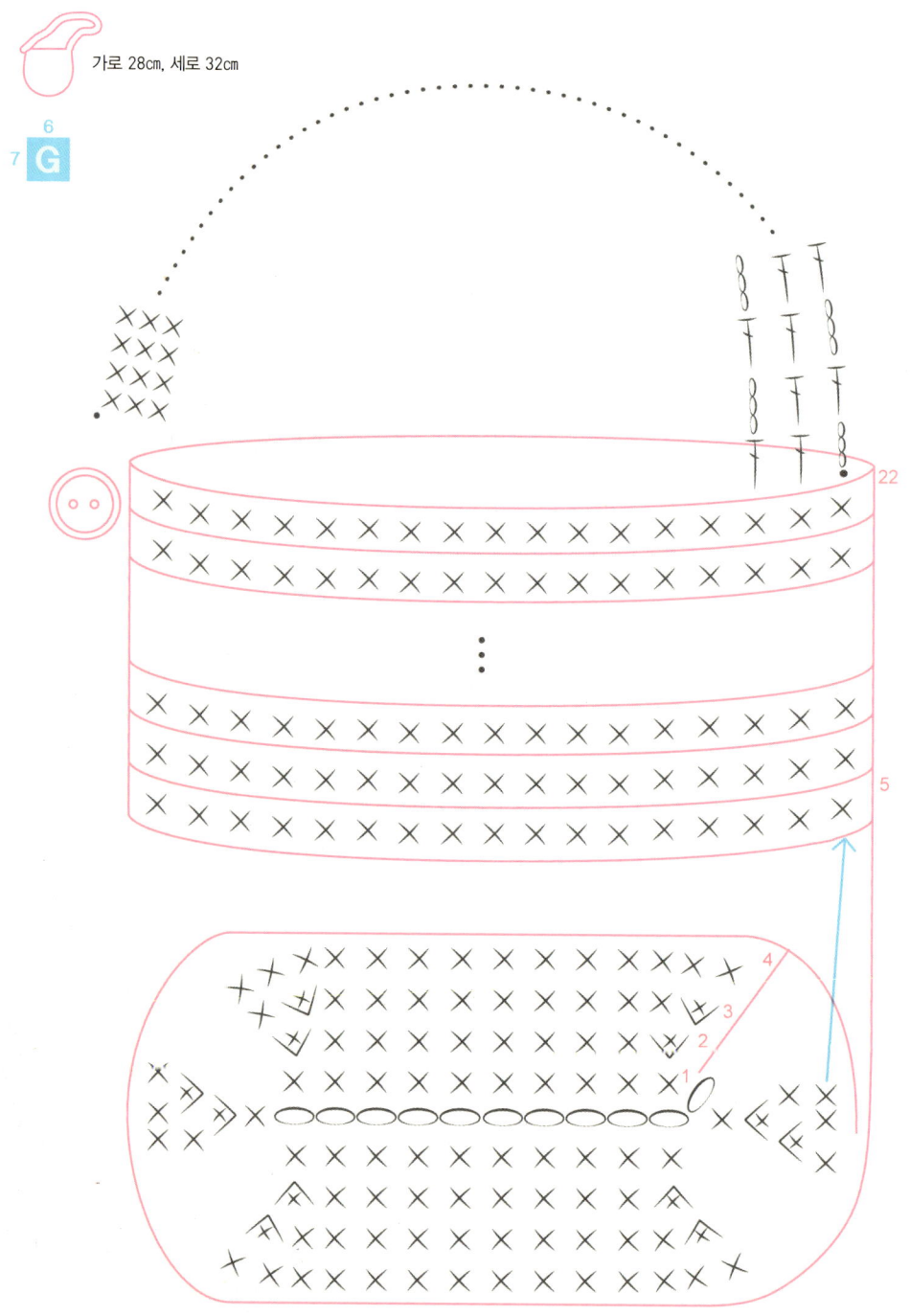

뜨개방법과 순서

베이스   사슬뜨기로 10코를 만듭니다.
1단   기둥코를 만들고 각 사슬에 도안과 같이 빙 둘러 짧은뜨기를 합니다. (22코)
2단   도안과 같이 해당 자리에서 코늘림을 하면서 한 단을 뜹니다. (28코)
3단   도안과 같이 해당 자리에서 코늘림을 하면서 한 단을 뜹니다. (34코)
4~22단   각 코에 짧은뜨기를 해서 열아홉 단을 뜹니다. (34코)

끈 부분

가방의 한쪽 끝에서부터 도안과 같이 가방끈을 만듭니다. 원하는 만큼의 길이가 될 때까지 뜬 다음 마지막 네 단은 짧은뜨기만으로 떠서 마무리합니다. 패브릭얀은 늘어나기 쉬우므로 옆에 단추를 달아 가방끈 길이를 조절할 수 있도록 만듭니다.

손잡이 토트백

날씨 좋은 주말 책 한 권 들고 근처 카페에 가거나, 동네 친구를 만날 때 제일 먼저 손이 가는 가방입니다. 내부에 붙이는 원단은 원하는 색상과 패턴으로 잘 골라보세요. 예쁜 포인트가 될 수 있습니다.

준비 도구

바늘 코바늘 9mm, 돗바늘, 손바늘
실 초록색 50m(A), 베이지색 120m(B), 바느질실
기타 내부원단(반 마), 손잡이용 가죽 조금
주요 기법 짧은뜨기 p.16

가로 30cm, 세로 40cm
바닥폭 1cm

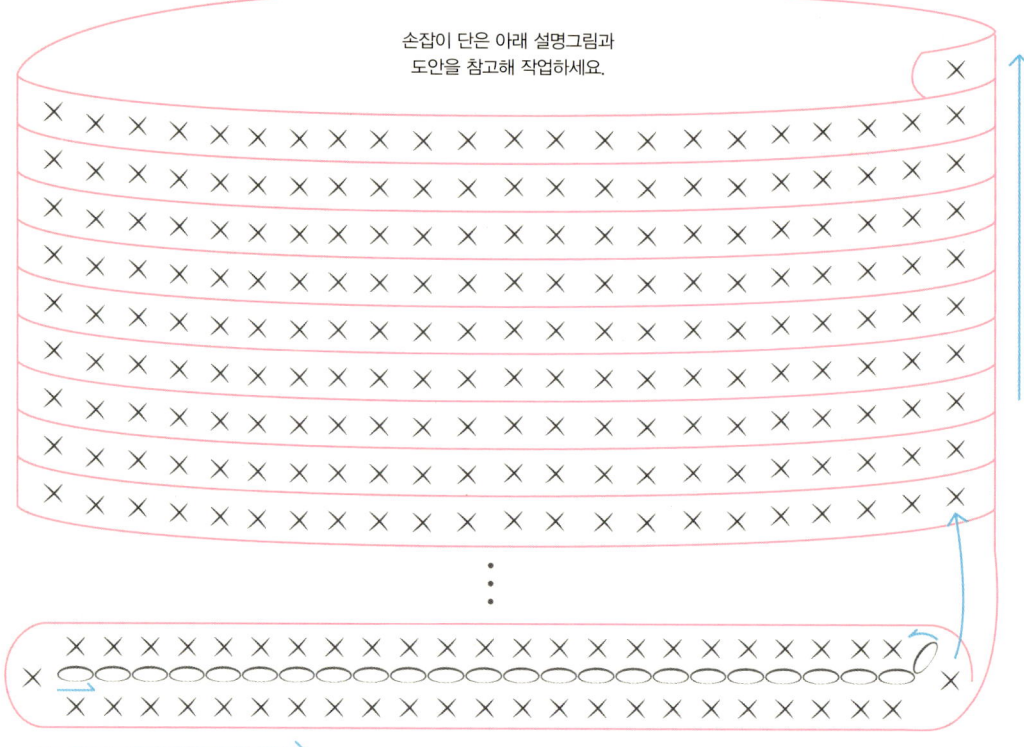

손잡이 단은 아래 설명그림과
도안을 참고해 작업하세요.

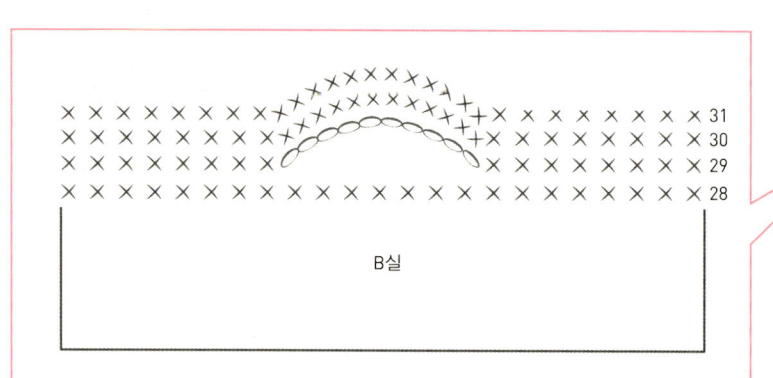

B실

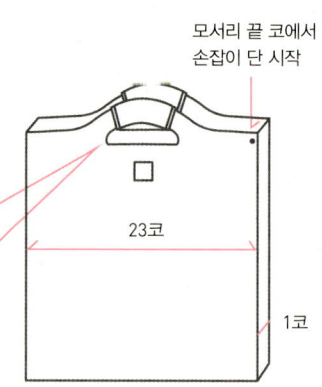

모서리 끝 코에서
손잡이 단 시작

23코

1코

뜨개방법과 순서

베이스	A실을 사용해서 사슬뜨기로 23코를 만듭니다.
1단	기둥코를 만들고 각 사슬에 도안과 같이 빙 둘러 짧은뜨기를 합니다. (48코)
2~7단	짧은뜨기로 여섯 단을 뜹니다. (48코)
8~28단	B실로 바꾸고 짧은뜨기로 스물한 단을 뜹니다. (48코)
29단	짧은뜨기 8코, 사슬뜨기 10코를 뜬 다음, 7코를 건너뛰고 짧은뜨기 16코, 사슬뜨기 10코를 뜹니다. 다시 7코를 건너뛰고 남은 8코에 짧은뜨기를 합니다. (52코)
30~31단	감싸며 짧은뜨기를 합니다. (56코)

TIP : 뜨개코의 머리는 다리의 오른쪽 위에 생깁니다. 그래서 원형뜨기로 뜰 때는 단이 오른쪽으로 어긋나게 됩니다. 손잡이 단을 시작할 때 한쪽 모서리가 너무 어긋난다 싶으면 첫 코가 아닌 가방의 한쪽 끝 코를 기준으로 작업합니다.

원단 속지 만들기

그림과 같이 속지를 만든 다음 가방 안에 넣고 윗부분에 공그르기를 해서 부착합니다.

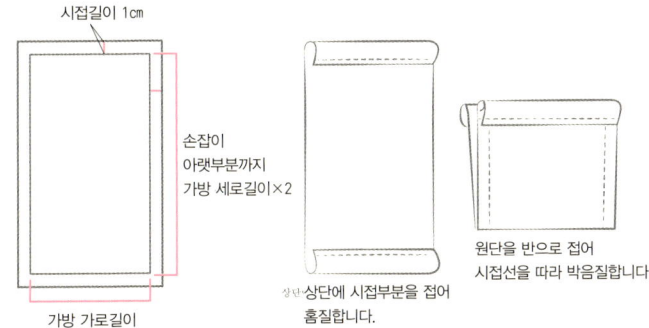

가죽 손잡이 만들기

그림과 같이 두 개를 만든 다음, 가방 손잡이 부분에 말아서 겹쳐지는 부분을 바느질합니다.

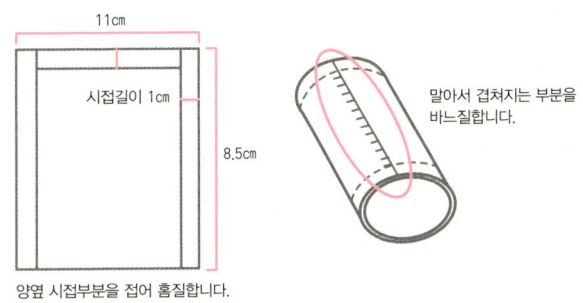

대바늘 미니 크로스백

교차뜨기 기법으로 만든 벌집 무늬의 독특한 짜임이 돋보이는 미니 크로스백입니다. 패브릭 얀은 신축성이 강하므로 늘어나는 길이를 감안해서 끈의 길이를 조절해야 합니다.

준비 도구

바늘 대바늘 15㎜, 코바늘 10㎜, 돗바늘
실 연한 파란색 70m(A), 베이지색 65m(B)
주요 기법 오른코 교차뜨기 p.41, 왼코 교차뜨기 p.42

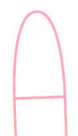

가로 17cm
세로 20cm
끈 60cm

10 **G** 7

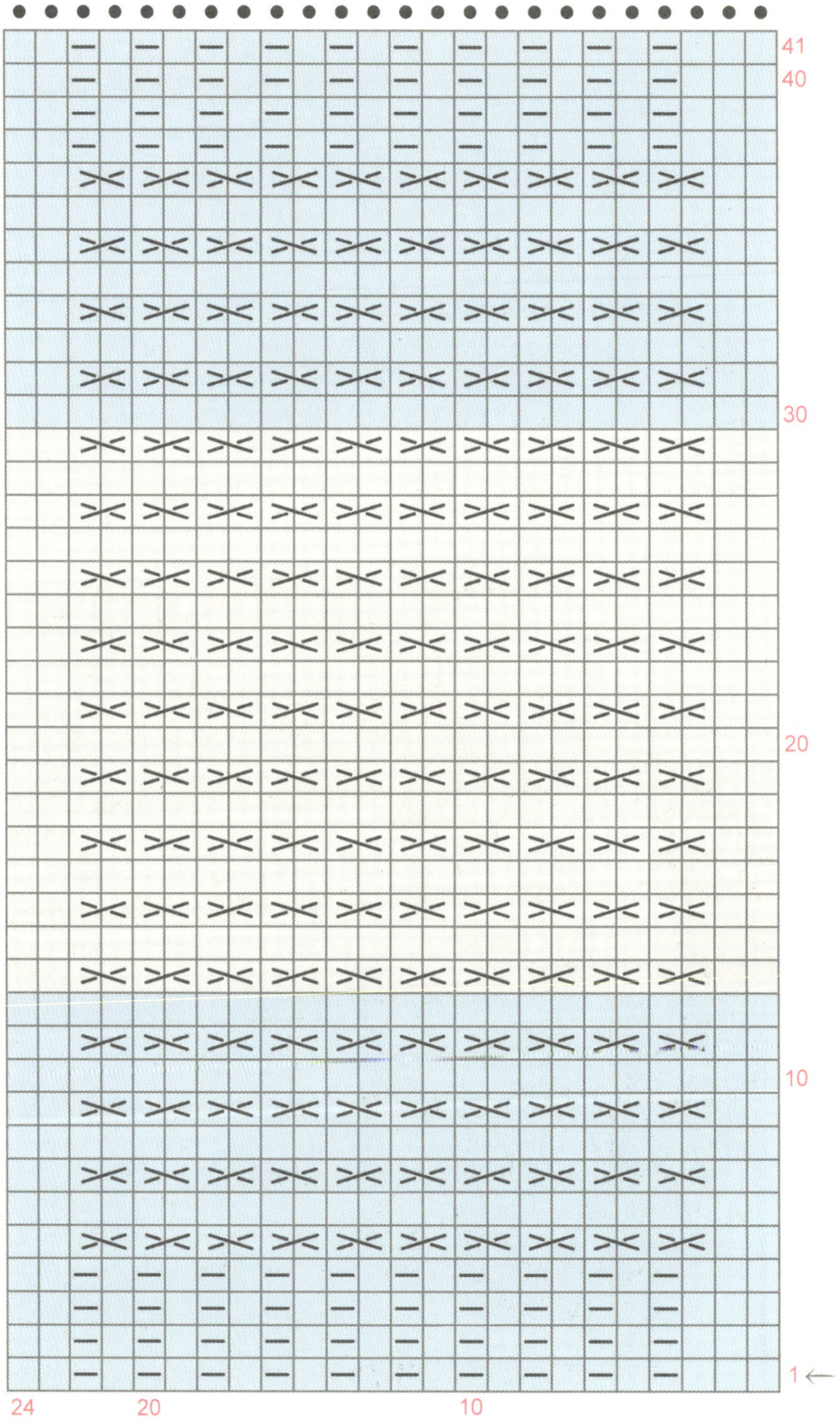

뜨개방법과 순서

베이스 A실을 사용해서 24코를 만듭니다.
1~4단 도안과 같이 겉뜨기와 안뜨기를 합니다. (24코)
5~37단 도안과 같이 오른코 교차뜨기와 왼코 교차뜨기를 하며 서른세 단을 뜹니다. (24코)
38~41단 도안과 같이 겉뜨기와 안뜨기를 하고 마무리합니다. 반으로 접은 다음 돗바늘과 남은 실을 사용하여 양쪽 옆면을 연결(143쪽 참고)합니다. (24코)

가방 끈

코바늘을 사용해서 원하는 끈의 길이만큼 사슬뜨기를 합니다. 각 코에 빼뜨기를 합니다. 완성된 끈은 돗바늘을 사용해서 가방 양쪽에 고정시킵니다.